Les lionnois qui ont des terres Consi
derables en Dauphiné doivent
acheter des offices qui leur donnent
droit de plaider ailleurs quen
Dauphiné

Il ny a rien a meilleur marché
qui donne droit de Committi
mus que loffice de Messager de luni
versitté de Paris qui Coute deux
Cent francs

ou Celui dagent du premier ou
du second hospital de Lyon
pour les affaires du dehors quil
est aisé davoir pour quelques pist
oles

Les Dauphinois qui seront assignez
en garantie formelle ou simple
seront tenus de proceder en la
jurisdiction ou la demande ori
ginaire sera pendante encore quils
deussent estre garants si Ce nest que
le garant soit privilegié et quil
demande son renvoi pardevant
le Juge de son privilege. mais

Sit parvoit par ecrit ou par levidence »
du fait que la demande origi- »
naire n'ait été formee que pour »
traduire le garant hors de sa »
Jurisdiction il est enjoint aux »
Juges de renvoyer la Cause par »
devant ceux qui en doivent Con- »
noitre et en Cas de Contravent- »
ion pourront les Juges etre inti- »
més et pris a partie en leur »
nom
ordre de 1667 tit. 8. des garants
article 8
Evocation a cause de litis
pendance ou de Connexité
S'il y a quelque Contestation pendante par devant le Juge inferieur
ou dans une autre Jurisdiction et
que cette Contestation ait du rapport et de la Connexité a la Cause
qui est poursuivie le Juge peut
levoquer pour juger le tout ensemble a la charge cependant conformement a
l'article 2 du tit. 6 de l'ordce de 1667
pour evoquer on expose par une
requete qu'il y a procés pendant raison
du meme fait dans une autre
Jurisdiction c'est le cas de la litis
pendance ou bien qu'il y a de la
Connexité entre les deux affaires

qui se poursuivent dans les deux
differens tribunaux et que comme il
n'est pas juste que le suppliant
soit obligé de soutenir deux procès
sur un meme sujet il y a lieu au juge
d'evoquer ce qui est pendant dans
l'autre jurisdiction
les pratiques universel. tome
1. chap. 1. de la procedure en
cause principale et d'apel dans
les jurisdictions ordinaires
quibus de rebus ad eumdem judicem eatur
quand une action est intentée devant
un meme juge commune a plusieurs
dependans de jurisdictions differe
ntes ceux auxquels cette action est
commune doivent poursuivre leurs
droits pardevant le juge qui est
deja saisi de l'affaire dont il s'agit
comme il a mis
dans les actions a fin de partage
entre coheritiers ou entre proprie
taires
dans les actions provenantes de la
societé
et de la tutelle les appelles doivent
etre poursuivies pardevant un
meme juge ainsi plusieurs tuteurs
par l'administration d'une meme
tutelle sont poursuivis ils doivent etre
renvoiés pardevant le juge qui a ordonné la
tutelle quoiqu'ils aient leur domicile
dans des jurisdictions differentes

RECUEIL
DES PRINCIPALES PIECES DU PROCEZ
JUGE AU CONSEIL D'ETAT DU ROY,
EN FAVEUR DU PRESIDIAL DE LYON.
CONTRE LE PARLEMENT DE GRENOBLE.

Pour la Jurisdiction de la Guillotiere, & du Mandement de Bécheyelin.

Avec l'Arrest Contradictoire rendu le 9. Mars 1701.

Et la Carte des Lieux sur lesquels s'étend cette Jurisdiction.

A LYON,
Chez LAURENT LANGLOIS, Imprimeur
Rue du Petit Soulier, au Point du Jour.

M. DCCII.

la Connexité et la Cause d'un d'être
vent a plusieurs ne permettent
pas que plusieurs Juges en pren
nent Connoissance parceque s'il
arrivoit autant que touchant une
meme affaire ils rendroient des
Jugements Contraires et opposés
les uns aux autres Nulli audien
tia praebeatur qui Causae Con
tinentiam dividit. l. nulli
Codice de Judic.

en france Ceux qui ont des interets
Communs sont evoqués pardevant
un meme Juge en matiere Civile
mais non pas en Cause Crim
inelle. Rebuf. praefat. in Constitut.
reg. pour eviter la diversité des pro
cès et des Jugemens Comme dans
les actions de partage entre plusi
eurs Coheritiers — ou entre plusieurs
Coproprietaires — et dans les acti
ons de societé — et de tutelle intent
ées Contre plusieurs tuteurs ou Co
ntre plusieurs pupilles suivant
lordce de 1667. article 2. de la reddi
tion des Comptes — Idem en mati
ere de garantie en laquelle Ceux qui
sont assignés en garantie formelle ou sim
ple sont obligés de proceder en la Juris
diction ou la demande originaire est
pendante quoiquils nient etre garants
si Ce n'est que le garant soit privilegié
et quil demande son renvoi pardt le Juge

AVERTISSEMENT.

LE Procez qui a été poursuivi au Conseil d'Etat privé du Roy, entre les Officiers du Parlement de Grenoble, & ceux du Présidial de Lyon ; consistoit à sçavoir, si la Jurisdiction de la Guillotiere & du Mandement de Béchevelin, étoit du Ressort du Bailliage de Vienne ou du Présidial de Lyon. Cette contestation a été décidée en faveur de ce Présidial, qui a été maintenu en la possession & joüissance de connoître des Appellations des Sentences renduës par le Juge de la Guillotiere, dans l'étenduë marquée par le Procez Verbal & Jugement du Sieur Tindo, Commissaire de LOUIS XI. en l'année 1479.

Les raisons des Parties ont été expliquées dans les Factums qu'elles ont fait distribuer ; mais comme ces Mémoires sont des Piéces fugitives que le Temps n'auroit pas beaucoup de peine à détruire, l'on a crû qu'il étoit nécessaire de les assembler en un corps, afin de les conserver plus surement.

Ce Recueil n'est composé que de quatre Piéces.

La premiere est un Mémoire qui explique les raisons sur lesquelles le Présidial de Lyon a établi son droit & sa possession.

La seconde est un Factum, dans lequel sont entassez les moyens qui servoient de prétexte à la prétention du Parlement de Grenoble.

La troisiéme Piéce est le Procez Verbal et le Jugement de Maître Loüis Tindo. Comme ce titre a servi de principal motif à l'Arrêt qui a terminé cette grande contestation, il méritoit particulierement d'être inséré dans ce Recueil. On a même pris soin de le faire imprimer tel qu'il est dans l'Original, avec toutes les marques d'Antiquité dont il est revêtu, & qui rendront sans doute ce monument plus recommandable au Public.

La derniere Piéce est l'Arrêt Contradictoire du Conseil d'Etat privé du Roy, rendu le 9. jour de Mars. 1701. par lequel la Jurisdiction de la Guillotiere et du Mandement de Béchevelin, a été conservée au Présidial de Lyon.

Enfin, pour ne laisser rien à désirer, on a fait graver la Carte des Lieux sur lesquels s'étend cette Jurisdiction; avec les Limites qui la séparent du Dauphiné: afin que l'on puisse connoitre la situation & l'étenduë de cette même Jurisdiction; & voir facilement ce qui a fait la matiere de ce fameux Procez, & de l'Arrêt qui l'a décidé. — lettres en forme de provision —
le tres ou le recteur de luniversite de Paris
prend sous sa protection le grand messager C. B.
Juré — receu de Vingt Cinq livres pour la Confrairie et la bienvenue — receu de quatre livres
pour le droit de Confrairie — regte presen-
tee au lieutenant Civil de Paris — conclusions
preparatoires du procureur du roi — information
de vie et moeurs — conclusion definitive du procureur
du roi — ordre du lieutenant civil [illegible]

Noble Jean Constant avocat à Lyon

MEMOIRE

POUR le Sieur Procureur du Roy, en la Sénéchaussée & Siége Présidial de Lyon.

CONTRE le Sieur Procureur Général du Parlement de Grenoble.

LE Parlement de Grenoble s'efforce d'unir à son ressort une Parroisse qui n'en fut jamais, quoi qu'elle ait fait de tout temps le plus cher objet de son ambition. Exorde

Il attaque une possession publique, immemoriale, devenuë même necessaire; une longue suite d'Actes solemnels qui ont eu des siecles entiers d'execution: & sans autre fondement qu'un desir immoderé de s'agrandir aux dépens de ses voisins, il veut retrancher de la Sénéchaussée de Lyon un territoire qui en a toûjours dépendu, & qui compose un des Fauxbourgs de la Ville. Prétention d'autant plus injuste qu'elle va à diminuer le ressort du Parlement de Paris; à resserrer les bornes du Gouvernement de Lyon ; & à jetter les Parties dans des embarras, & des inconveniens infinis.

Les Officiers de la Sénéchaussée de Lyon, aussi jaloux de l'étenduë legitime de leur pouvoir, qu'attentifs à ne le point porter au delà de ses limites, se trouvent dans l'engagement de s'opposer à une entreprise, qui blesse encore plus l'interest public, que leur interest particulier ; mais avant d'en faire connoître toute l'injustice, il est de l'ordre d'en découvrir en peu de mots l'origine.

Jean Petrequin Bourgeois de Lyon, a eu un procez devant le Juge de la Guillotiere, lieu contentieux, contre Claude Rivail Habitant de ce lieu. Ils ont l'un & l'autre interjetté appel de la Sentence renduë par le Juge. Petrequin, suivant les regles & l'usage, a relevé son appel en la Sénéchaussée de Lyon ; & Rivail poussé par les sollicitations du Parlement de Grenoble où il a transferé même son domicile, s'est adressé au Bailly de Vienne, qui n'a pas manqué de prononcer des deffences de se pourvoir ailleurs. Le Sénéchal de Lyon a usé à son tour de la même voye ; cela a formé au Conseil une Instance en reglement de Juges entre les Parties.

Le Sieur Procureur General du Parlement de Grenoble a d'abord trouvé à propos d'y intervenir, quoique ce fût naturellement au Procureur du Roy du Bailliage de Vienne à commencer les poursuites. Le Procureur du Roy de la Sénéchaussée de Lyon a aussi presenté sa Requeste au Conseil, & a été receu partie intervenante.

Il s'agit donc de prononcer sur une contestation importante, & de fixer des droits dont l'incertitude ne pourroit que nuire au bien de la Justice.

Le Sénéchal de Lyon a trois Propositions à établir : La premiere, que la Guillotiere, qu'on appelle aussi le Mandement de Bechevelin, dépend originairement de sa Jurisdiction : La seconde, que sans qu'il ait besoin de recourir au premier titre de proprieté, la possession où il se trouve est décisive en sa faveur : Et la troisiéme, que cette possession est d'une necessité absoluë pour l'interest public.

L'histoire fournit d'abord une preuve de la premiere Proposition. On sçait que le desordre des tems ayant donné à differentes Provinces un grand nombre de petits Souverains sous le nom de Comtes, Frederic I. qui ne crut pas pouvoir réunir tout d'un coup à l'Empire tant de pieces détachées, se contenta, pour en sauver quelque débris, de laisser aux usurpateurs ce qu'ils possedoient, à condition de luy en rendre hommage & de luy prêter serment de fidelité : En sorte que ce qui n'étoit dans son origine qu'une entreprise ambitieuse, devint dans la suite un titre legitime par le moyen de l'investiture.

L'Empereur Frederic confirma à Heraclée, qui étoit alors Archevêque de Lyon, la Souveraineté dont il se trouva revêtu. Elle s'étendoit incontestablement sur le territoire de Bechevelin, puisque les Archevêques qui sont venus depuis, y ont toûjours conservé le droit de Justice, qui n'est qu'une suite & un reste du droit de souveraineté dont ils joüissoient. Ce qu'ils

Paradin Hist. de Lyon ch. 35.

possedoient comme Souverains, ils ne le possedent que comme Seigneurs. Cette difference ne change rien, en un sens, à la Jurisdiction. Les contestations qui naissoient autrefois dans le terriroire de Bechevelin, étoient portées au Tribunal de Lyon : celles qui naissent aujourd'huy dans le même lieu ne peuvent être portées, qu'au même Tribunal, parce que le Roy qui a réuni à sa Couronne le droit Souverain dont les Archevêques étoient honorez, a établi des Juges dans Lyon, comme les Archevêques y en avoient établi de leur temps.

Ce raisonnement sensible tire encore une nouvelle force de l'ancienne situation de la Guillotiere & du changement que le temps y a apporté. Ce lieu touche presque les murs de Lyon ; il n'en est precisément separé que par un Pont bâti sur le Rhône. Ce fleuve passoit autrefois à quelque distance de la Ville & laissoit au pied des murs un espace de terre assez vaste qni formoit ce qu'on appelle aujourd'huy, le Mandement de Bechevelin.

Les Habitans de Lyon voulurent, pour leur utilité & pour leur plaisir, approcher de leur Ville le Rhône, qui se creusa insensiblement un nouveau canal le long des murailles, en sorte que depuis sa nouvelle pente il a separé de la Ville le territoire de Bechevelin ; mais cette separation peu considerable ne l'a pû soustraire à la Jurisdiction ni à la Province dont il dépendoit auparavant.

Le changement qu'on allegue n'est point un évenement fabuleux ; c'est un fait attesté par les Habitan tans qui l'ont receu comme certain de leurs Ancêtres. Une succession de témoignages conformes ne laisse plus le pouvoir d'en douter. On ne présumera pas que tant de gens ayent adopté de concert une erreur pour la transmettre avec soin & sans interest de pere en fils. C'est particulierement dans ces circonstances que la voix publique doit passer pour la voix de la verité.

Cette verité est non-seulement dans la bouche des Habitans, on en découvre les traces dans le méme lieu où passoit le Rhône. On voit les fondemens de l'ancienne digue par le moyen de laquelle on a détourné le cours de ce Fleuve pour l'approcher de l'enceinte de Lyon. On voit encore d'autres digues qu'on a élevées depuis à diverses fois pour le retenir dans son nouveau cours. On distingue sans peine le Port où abordoient les batteaux, & la marque des anneaux où on les attachoit. On trouve enfin de vieux débris de fossez qu'on appelle encore aujourd'huy les *Balmes Viennoises*, & qui ont toûjours servi de bornes au Dauphiné. Ces monumens, qui, pour être anciens & presque ruïnez, n'en sont que plus respectables & plus sinceres, forment avec l'opinion generale, une preuve complette du fait important qu'on avance.

Si l'on foüilloit dans les Antiquitez de Lyon, on y trouveroit vray-semblablement des instructions plus précises, mais on peut s'épargner cette recherche & s'en tenir à une tradition ancienne qui se perpetüe dans Lyon & qui se répand même par tout: Jusques-là qu'un Auteur moderne *, dans son Dictionnaire de

* Furetiere.

mots François , aprés avoir donné l'explication d'une digue, ajoûte par une maniere d'exemple : *Le cours du Rhône a été changé par le moyen d'une digue.* Témoignage d'autant moins suspect qu'il échape à un Auteur en passant, comme une verité publique qu'il ne croyoit pas susceptible du moindre doute.

Il suit de-là, que quand on examineroit la contestation sur le seul principe du Parlement de Grenoble, qui est que son ressort s'étend jusqu'au Rhône, elle se decideroit en faveur de la Sénéchaussée de Lyon, puisqu'il demeure établi que le Rhône, qui baigne à present les murs de Lyon, s'en éloignoit autrefois en prenant son cours derriere le territoire de Bechevelin, & que ce ne seroit en tout cas qu'à l'ancien cours du Rhône que se pourroient rapporter les pretenduës limites du Dauphiné.

De ces observations generales qui en accordant au Parlement de Grenoble ce qu'il suppose pour regle, détruiroient à fonds les consequences qu'il en tire : on passe aux preuves de la possession ancienne & constante où est le Sénéchal de Lyon, de connoîstre des appellations du Juge de la Guillotiere.

Personne n'ignore les avantages de la possession, ils sont tels que pourvû qu'elle paroisse bien établie, on decide sans autre examen en sa faveur. L'interest public luy donne le pouvoir d'ôter le bien au veritable Proprietaire ; le Benefice au titulaire Canonique ; à l'Eglise même son patrimoine. Elle aneantit sans titre tous les titres de proprieté, ou plûtôt elle quitte insensiblement son caractere de possession pour prendre celui de proprieté ; & devient elle-même un titre, d'autant plus sûr qu'il ne craint point les rafinemens ordinaires de la chicane contre l'essence ou la forme des autres titres.

Ce principe n'est jamais plus favorable que dans la matiere qui se presente, où l'on ne se trouve arresté par aucune des raisons qui font paroître la prescription odieuse. On n'a point à combattre l'inconvenient de dépoüiller de son patrimoine un Proprietaire legitime. Ce n'est point aussi un inferieur ambitieux qui veut prescrire l'indépendance : il ne s'agit que d'une étenduë de Jurisdiction plus ou moins grande, entre des Juges qui tiennent également leur pouvoir du Roy, qui sont établis pour la même fin, quoi qu'en differentes Provinces, & qui n'ont d'ailleurs nul interest personnel dans la contestation. Or en ce cas-là, la possession est la seule Loy que l'on puisse suivre, parce que le fonds de toutes les Justices appartenant au Prince, ceux à qui il en a confié l'exercice n'ont pour titre que la possession & les Actes qui l'établissent.

C'est le sentiment de Bacquet au Chap. 5. du Traité des droits de Justice, où il dit en termes précis que la Justice peut s'établir même contre le Roy par la possession centenaire. D'où il est aisé de conclure que si les Seigneurs ont droit de prescrire contre le Roy les droits de Justice, à plus forte raison des Juges qui ont reçû leur autorité du Roy, peuvent de même par une possession de cent ans prescrire entr'eux le ressort & la Jurisdiction.

Entre un nombre infini d'Actes qui concourent à

établir en faveur du Sénéchal de Lyon la possession dont il s'agit, on a choisi les plus autentiques pour les produire : Sçavoir,

Un Jugement du Sieur Tindo Commissaire nommé par Louïs XI. pour la décision du même different qui se presente. Il commença sa Procedure le 23. Aoust 1479. & l'acheva le 17. Septembre suivant. On n'y omit rien des formalitez ordinaires. Il seroit même difficile de trouver de nos jours une procedure plus exacte. Enfin aprés une enquête reguliere & une longue attention au droit des Parties, les limites furent reglées, conformément à la pretention du Sénéchal de Lyon.

Un Resultat du Conseil du 11. Avril 1592. conforme en tout au Jugement dont on vient de parler.

Des Lettres de François I. de l'année 1521. dont l'adresse est au Parlement de Paris & au Sénéchal de Lyon, dans lesquelles on comprend pour la levée des deniers d'*Octroy*, les Fauxbourgs de Saint Just, Veize & la Guillotiere, comme étant tous Fauxbourgs de Lyon.

D'autres Lettres de François I. de 1523. adressées de même au Sénéchal de Lyon, portant deffenses de bâtir à la Guillotiere jusqu'à ce que le Roy l'eût fait enfermer dans l'enceinte de Lyon : ce qui prouve que la Guillotiere a toûjours été consideré comme une dependance de Lyon.

Une Requeste presentée au Roy par les Habitans de la Guillotiere, le septiéme May *1696*. où en qualifiant eux-mêmes ce lieu, Fauxbourg de Lyon, ils exposent

ſent qu'ils ont toûjours joüi des Privileges de cette Ville, ſur le fondement des Lettres Patentes de 1564. qui leur en attribuent le droit. Cette Piece produite en Original, au bas de laquelle eſt l'Arreſt du Conſeil qui les maintient dans leurs exemptions, établit deux choſes ; La premiere, que ces Habitans ont reconnu de toute ancienneté la Guillotiere pour Fauxbourg de Lyon : La ſeconde, que cette reconnoiſſance a été appuyée & autoriſée par des Lettres Patentes.

Des Lettres Patentes d'Henry IV. du mois de May 1606. pour l'établiſſement des Religieux du tiers Ordre de S. François à la Guillotiere. L'adreſſe de ces Lettres eſt au Parlement de Paris, à la Chambe des Comptes, au Gouverneur de Lyon & au Sénéchal. Elles furent enregiſtrées au Parlement le 24. May 1607. & en la Sénéchauſſée de Lyon le 31. Juin ſuivant. On obtint auſſi le conſentement des Prevoſt des Marchands & Echevins de Lyon, qui aſſiſterent avec le Gouverneur & le Sénéchal, à la ceremonie publique de l'établiſſement.

Des Lettres Patentes du 20. Juin 1652. obtenues par les Habitans de la Guillotiere pour les droits d'Aydes. L'adreſſe de ces Lettres eſt à la Chambre des Comptes & à la Cour des Aydes de Paris, & au Bureau des Finances de Lyon.

Une declaration du Roy de 1664. où dans l'Etat des Notaires créez dans l'étenduë de la Sénéchauſſée de Lyon, on en trouve un pour le Fauxbourg de la Guillotiere. Ce Notaire a été reçû à Lyon & y a paſſé toutes ſortes d'Actes, ſans jamais prenêtre d'autre qualité que celle de Notaire Royal ; au lieu que les Notaires du Dauphiné prennent la qualité de Notaire du païs Delphinal.

Des Rôlles des Tailles de la Generalité de Lyon, où les Habitans de la Guillotiere ont toûjours été compris. On ne sçauroit faire voir que depuis 1554. jusqu'à present ils ayent jamais été imposez à la Taille dans le Dauphiné.

Un Acte de foy & hommage passé au Bureau des Tresoriers de France de Lyon le 1. May 1667. par le Sieur de Monconis, pour une Maison noble qu'il possedoit à la Guillotiere.

Un autre Acte de foy & hommage du 3. Juillet 1676. passé au même lieu & pour le même sujet.

Un certificat du Greffier au Bureau des Finances de Lyon, qui porte que generalement tous ceux qui possedent des Fiefs dans le territoire de Bechevelin, ont fait la foy & hommage au Roy dans le Bureau des Tresoriers de France de Lyon.

Dix Extraits de reconnoissances, dont il y en a quatre qui donnent pour confin le fossé qui separe la Guillotiere du Dauphiné. Ces reconnoissances sont reçûës par des Notaires de Lyon & sont conformes en tout aux usages de la Province de Lyonnois.

Venissieu

Une Sentence renduë en la Sénéchaussée de Lyon le 22. May 1595. contre les Consuls de Venissieu en Dauphiné, qui avoient entrepris sur le territoire de Bechevelin. Il n'est pas étonnant qu'on soûtienne aujourd'huy un droit qu'on a toûjours pris soin de se conserver malgré les entreprises de l'usurpation.

Une Adjudication par Decret faite en la Sénéchaussée de Lyon le 23. Septembre 1522. de quelques fonds situez au territoire de Bechevelin.

Cinq autres Sentences d'adjudication renduës en divers temps au même Siége.

Un certificat du Greffier, par lequel il paroît que depuis 1661. jusqu'en 1698. il y a eu trente-deux Decrets poursuivis de l'autorité du Sénéchal de Lyon sur des biens sçituez à la Guillotiere.

Enfin un grand nombre de Sentences renduës en la Sénéchaussée de Lyon sur des Procez de la Guillotiere, soit par appel du premier Juge en matiere civile, soit en premiere Instance dans les affaires criminelles, lors qu'il s'agissoit d'un cas Royal, ou qu'il y avoit lieu à la prevention.

On ne s'arrêtera pas à faire valoir ces titres par de longs raisonnemens. Il suffit de les exposer pour en faire sentir tout d'un coup les inductions avantageuses. Ce ne sont pas même les seuls qui ayent établi ou confirmé le droit que l'on soûtient. Le procez verbal de 1603, que le Parlement de Grenoble a produit, en r'appelle plusieurs autres dont on pourroit demander la representation, ou se la procurer par quelque autre voye. Mais soit qu'ils ayent un peu souffert de la loy des temps, & de la negligence de ceux qui en étoient chargez, soit qu'un interest artificieux les supprime, on en rapporte assez pour être dispensé là-dessus d'un plus grand soin.

Les premiers Siécles ont vû naître la contestation dont il s'agit. Dés l'année 1479. un Jugement celebre l'a terminée à l'avantage du Sénéchal de Lyon. Ce Jugement a été suivi d'un Resultat du Conseil qui en a confirmé les dispositions ; de plusieurs Lettres Patentes demandées & obtenuës sur ce fondement ; d'une possession publique prouvée par les Actes les plus solemnels, & consacrée, pour ainsi dire, par un silence au moins de plus d'un Siecle. Les Registres publics, les Historiens, les Geographes, la Tradition populaire, tous les monumens qui nous restent, mettent la Guillotiere au nombre des Fauxbourgs de Lyon. Si tant de circonstances réünies n'ont pû imposer silence à l'ambition où à l'interest, c'est que ces deux passions ne connoissent pas de regles, quelque part qu'elles se rencontrent.

On objecte que le Jugement de 1479. est nul ; que le Sieur Tindo n'avoit pas de pouvoir pour le rendre ; qu'on en interjetta appel dés ce temps-là, qu'il n'est d'ailleurs que provisionnel, & qu'enfin il n'a pas été signifié.

Rien de plus frivole que ces objections. Le Sieur Tindo avoit été nommé par le Conseil pour regler les limites contentieuses. Luy opposer le défaut de pouvoir, c'est aller directement contre les termes de sa Commission. Il paroist d'ailleurs qu'il a agi avec toute l'exactitude & la circonspection d'un Juge desinteressé qui ne cherche qu'à s'éclaircir. Il a entendu sur les lieux des Témoins non suspects. Il a pris pour Assesseurs des Avocats & des Graduez, & a suivi en tout scrupuleusement le cours ordinaire d'une procedure reglée.

Le

Le Parlement de Grenoble ne peut pas se faire honneur, ni se prevaloir du pretendu appel qu'une précaution rare luy fit interjetter de ce Jugement avant qu'il fût rendu. Il est inoüi que l'appellation d'un Jugement le precede, on attend à se plaindre qu'on ait receu quelque tort, & apparemment on sentoit bien l'injustice de la cause que l'on soutenoit, puis qu'on en prevoyoit de loin la condamnation.

De plus, tout ce qui paroît aujord'huy de cet appel, c'est qu'on vouloit le porter au Parlement de Grenoble: On avoit raison, ce n'étoit que là qu'on s'en pouvoit promettre le succez; mais trouvoit-on dans les premieres regles du bon sens dequoy autoriser une telle démarche? les Officiers du Parlement de Dauphiné pouvoient-ils connoître comme Juges, d'une contestation qui les regardoit comme Parties? C'est dommage qu'ils n'ayent pas conduit leur procedure à sa perfection. On auroit vû pour la premiere fois un Jugement du Conseil soûmis à la Jurisdiction & à l'examen d'un Parlement qui étoit Partie dans l'affaire.

Au reste, il faut convenir que ce Jugement n'étoit d'abord que provisionnel; mais le grand nombre d'années écoulées depuis sans aucunes poursuites regulieres, l'a rendu pleinement definitif & contradictoire, autrement il n'y auroit rien de sûr dans l'ordre judiciaire. A l'égard de la signification qu'on ne rapporte pas, il est facile de concevoir comment une piece de cette nature n'a pû franchir l'espace immense de prés de trois Siecles. Dailleurs on ne signifie les Jugemens que pour les notifier aux Parties. Or si le Parlement de Grenoble a interjetté appel du Jugement dont on parle, on ne peut pas dire qu'il l'ait ignoré.

Le Sénéchal de Lyon, parmi une infinité de titres qui prouvent son droit, rapporte un Resultat du Conseil posterieur de plus d'un Siecle & conforme en tout au Jugement du Sieur Tindo. Le Parlement de Grenoble veut luy faire un crime de cette piece, parce qu'elle renouvelle, dit-il, le souvenir odieux de la ligue sous Henry III.

On augure mal d'une cause qu'on est obligé de deffendre par de tels moyens. Une declamation si hors d'œuvre ne tend qu'à donner le change & à faire perdre de veuë le point décisif de la difficulté qui se reduit à la possession. Le Sénéchal de Lyon l'établit en sa faveur par une longue suite de titres, & produit d'abord deux Jugemens autentiques, l'un de 1479. & l'autre de 1592. Qu'importe que celuy-cy ait été rendu durant les jours de confusion & de trouble, puis qu'il ne fait que rappeller & confirmer le premier, rendu plus d'un Siecle auparavant dans des temps innocens & tranquilles.

Si le droit que l'on soûtient n'étoit fondé que sur cette piece, & qu'il dût d'ailleurs son établissement aux factions criminelles de l'Etat, la reflexion du Parlement de Grenoble seroit justement applaudie; mais elle paroît vaine & puerile, pour ne rien dire de plus, lors qu'on voit que le titre qui y donne lieu, a été precedé d'un autre titre conforme hors de toute atteinte ; qu'il a été ſuivi d'un grand nombre d'Actes ſolemnels ; que d'ailleurs il ne contient rien que de juſte , rien qui ait le moindre rapport aux diviſions fatales dont on rappelle inconſiderément les triſtes images ; & qu'enfin il a eu depuis dans tous les temps une entiere execution.

Il eſt inutile d'oppoſer que le Rhône eſt la borne certaine , qui ſépare le Dauphiné du Lyonnois. C'eſt un faux principe , ou qui n'auroit en tout cas ſon application qu'à l'ancien cours du Rhône , comme on l'a d'abord remarqué.

L'hommage que fit le Baron de Chandieu au Comte de Savoye en 1241. pour les Terres qu'il poſſedoit juſqu'au Pont du Rhône , & qui furent depuis données en échange au Prince Dauphin , ne merite ici aucune attention. Une reconnoiſſance vague & ſans dénombrement a-t'elle pû nuire à l'Archevêque de Lyon , & luy ôter des droits dont il joüiſſoit , & qui luy ont été confirmez depuis par le Jugement du Sieur Tindo ? Ces ſortes d'Actes n'ont préciſément lieu qu'entre les Parties preſentes ; ceux qui les ignorent n'en ſçauroient jamais ſouffrir : C'eſt ce qu'on appelle *res inter alios acta*.

On trouve dans cette réponſe , celle que demandent les autres reconnoiſſances qu'on oppoſe : Et ou en ſeroit reduite la verité , ſi on la faiſoit dépendre de vaines énonciations qu'il auroit plû au caprice ou à l'intereſt de quelques Particuliers d'inſerer furtivement dans des Actes ?

Le Parlement de Grenoble , en voulant détruire

le droit du Sénéchal de Lyon, travaille officieusement à l'établir. L'Enquête de 1334. est absolument nulle. C'est un Acte imparfait qu'on a hazardé de produire aprés en avoir retranché ce qui incommodoit. On n'y voit ni signature de Témoins ni Jugement rendu. Les derniers feüillets n'y sont pas. Quelle induction se presente naturellement à l'esprit sur une piece si défigurée : sinon que ce qui y manque condamne la prétention du Parlement de Grenoble, & que c'est pour cela qu'on l'a prudemment supprimé ?

Il resulte encore de cette Enquête, que l'Archevêque de Lyon joüissoit alors du droit de Souveraineté à la Guillotiere, puis qu'au sujet de ses differends avec le Comte de Savoye pour les limites, il nomma de sa propre autorité des Commissaires, comme le Comte de Savoye en nomma de la sienne.

Enfin ces contestations se sont toûjours reduites à fixer des bornes dans le territoire de Bechevelin, & non pas à l'exclurre de la Justice de Lyon ; Et si le Rhône eût été de tout temps la borne certaine, comme il plaît au Parlement de Grenoble de le soutenir, une borne si visible & si marquée auroit-elle pû être sujette à la moindre contestation ?

L'Enquête de 1549. bien loin de servir au dessein du Parlement de Grenoble, y est directement contraire. Elle est faite de l'authorité du Sénéchal de Lyon, & montre par consequent la Jurisdiction qu'il avoit sur les Habitans de la Guillotiere, qui le reconnurent eux-mêmes pour leur Juge. Au reste il ne s'a-

gissoit

giſſoit alors en aucune maniere de regler les bornes du reſſort ; car s'il en eût été queſtion , le Sénéchal de Lyon , qui auroit été en ce cas-là la Partie intereſſée , n'auroit pas fait les fonctions de Juge.

On s'épuiſe vainement en ſubtilitez pour donner une couleur à l'entrepriſe du Parlement de Grenoble & la revêtir de quelque apparence de poſſeſſion : tout ce que pluſieurs Siecles ont pû produire de titres à cet égard ſe reduit à de legeres formalitez, faites à l'inſçû du Sénéchal de Lyon , & qui d'ailleurs ne prouvent point ce que l'on prétend.

Si on rapporte un ancien Rôlle des Tailles de la Province de Dauphiné , où les Habitans de la Guillotiere ſont compris , il eſt trés-certain qu'au moins depuis 1554. juſqu'à preſent , ils ont toûjouts été impoſez à la Taille dans la Province de Lyonnois. C'eſt un fait qui ne peut être revoqué en doute , & ſur lequel on s'en rapporte , avec confiance , au témoignage même de Mr de Berulle Premier Preſident au Parlement de Grenoble , qui en qualité d'Intendant de Lyon , a fait autrefois le département des Tailles pour la Province de Lyonnois.

Si un criminel fut rendu aux Juges de Dauphiné par les Officiers de l'Archevêque de Lyon , c'eſt que le crime avoit été commis en Dauphiné ; Et ſi les Officiers de l'Archevêque ne paſſerent pas en cette rencontre les anneaux du Pont du Rhône , cela eſt indifferent à la queſtion : Il n'y a point de Loy qui deffende à un Juge de faire prendre dans un Territoire étranger un Priſonnier que le Juge de ce Territoire luy renvoye volontairement.

Si un autre Prisonnier fut interrogé à la Guillotiere par un Commissaire du Parlement de Grenoble, il est à propos de remarquer que le crime avoit été commis à Meizieu en Dauphiné : Que la Guillotiere ne fut que le lieu du passage : Qu'une Hôtellerie servit de Tribunal au Commissaire, & de Prison à l'accusé ; Et que ce Commissaire dans son Procez verbal donna même à la Guillotiere le nom de Fauxbourg.

Si on y a mis les Armes de Dauphiné, ou hazardé quelque Acte de Jurisdiction, ç'a été par des voyes de fait extraordinaire. On a vû cent hommes armez y venir porter le trouble furtivement & employer les violences les plus injustes sous le voile même de la Justice. Est-ce ainsi qu'un possesseur legitime joüit de son droit, & à quelles marques reconnoîtra-t-on l'Usurpateur.

Enfin, & pour ne pas s'arrêter davantage sur des moyens qui se détruisent d'eux-mêmes, il suffit de dire qu'on ne voit aucun Jugement rendu par les Juges de Dauphiné, soit en premiere Instance, ou par appel entre les Habitans de la Guillotiere ; & que de tous les autres Actes, il n'en est pas un seul qui se trouve exemt des vices de clandestinité, d'usurpation ou de violence : Vices essentiels qui ferment toute voye à la possession legitime.

Il y a encore dans la forme un défaut commun à tous ces pretendus titres ; c'est qu'on ne les produit que par copies : on à même affecté de n'en produire que de simples extraits, & par là quelle facilité n'a-t'on pas euë d'en tronquer les clauses décisives. Ce sont d'ailleurs des copies ausquelles il est deffendu d'ajoûter foy ; car outre qu'elles sont collationnées par des Officiers du Parlement, ou de la Chambre des Comptes de Grenoble, fort suspects en leur propre cause ; le Procureur du Roy de la Sénéchaussée de Lyon n'a pas été présent, ni appellé.

Il n'en est pas de même des titres du Sénéchal de Lyon. On les rapporte dans la meilleure forme. Ce sont, ou d'anciens Jugemens rendus en sa faveur sur le même differend dont il s'agit ; ou des Lettres Patentes de nos Roys : qui ont confirmé la possession dont ces Jugemens ont été suivis : ou un exercice actuel & sans interruption durant des Siecles entiers.

La Justice n'a point d'Actes plus solemnels que les Decrets. Elle a établi, pour déposseder un homme de son heritage, une longue suite de précautions qui avertissent les creanciers de leur interest. On risqueroit trop à s'engager dans ces formalitez devant des Juges dont la Jurisdiction seroit incertaine. Rien ne marque donc mieux la possession publique où est le Sénéchal de Lyon, de comprendre la Guillotiere dans l'étenduë de son ressort, que les differentes adjudications qu'il rapporte. Le Parlement de Grenoble au contraire n'en rapporte aucune, pas même, on le repete, un seul Jugement qui ait été rendu de son autorité, ou de celle des Juges inferieurs de son Ressort, entre les Habitans de ce

Fauxbourg. Il eſt mal-aiſé de concevoir comment tant de preuves d'un côté, & ſi peu de l'autre ont pû laiſſer lieu à un Procez.

Auſſi le Sieur Procureur General du Parlement de Grenoble, trop éclairé pour ne pas voir luy-même l'inutilité du grand nombre de pieces dont il groſſit ſa production, s'eſt attaché ſur tout à faire valoir l'Arrêt du Conſeil du premier May 1696. qui a jugé, dit-il, la queſtion, en déclarant la Guillotiere, Bourg de Dauphiné. Mais ſi ce moyen a dequoy ſurprendre quand on l'examine legerement, il eſt aiſé d'en reconnoiſtre la foibleſſe, pour peu qu'on y faſſe de reflexion.

Premierement, il eſt certain qu'au moins avant l'Arrêt dont on parle, la poſſeſſion du Sénéchal de Lyon étoit tranquille; & que le Parlement de Grenoble n'eſperoit plus même de la troubler.

En ſecond lieu, cét Arrêt n'a nulle application au differend dont il s'agit. En 1696. les Habitans de la Guillotiere repreſenterent que le logement continuel des Troupes, & les autres charges qu'ils ſupportoient, les mettoient hors d'état de payer les deniers d'*Octroy* que la Ville de Lyon exigeoit d'eux. Ils produiſirent quelques titres auſquels la Ville n'ayant oppoſé que l'ancien *Octroy* de 1677. qu'ils avoient toûjours payé, & qu'ils payent encore: l'équité du Conſeil qui ſe détermine par les circonſtances, ne voulut pas les ſurcharger en temps de Guerre, & les exempta du nouvel *Octroy*: Exemption qui eſt plûtôt une grace accordée aux conjonctures, qu'un droit fixe & immuable.

Et

Et en effet il paroîtroit fort extraordinaire, que, pendant que tous les Habitans des Fauxbourgs de Lyon contribuent aux charges immenſes de la Ville, ceux de la Guillotiere euſſent ſeuls le Privilege d'en être exempts. Une exception ſi avantageuſe pour eux, mais ſi contraire à l'ordre public, feroit envier leur ſort aux Habitans des autres Fauxbourgs, qui dans la veuë de s'en procurer un ſemblable, deſerteroient en foule pour s'aller établir à la Guillotiere.

En troiſiéme lieu, quoique dans tout le Procez ſur lequel eſt intervenu l'Arreſt qu'on oppoſe, il ne ſoit parlé que d'*Octroys*, & que vrai-ſemblablement on n'eût pas prononcé ſur le fait du reſſort à l'inſçû des Parties qui y avoient intereſt; cependant, comme l'ambition profite de tout, cét Arreſt a paru favorable au Parlement de Grenoble, & a réveillé ſes eſperances preſque éteintes au ſujet de la Juriſdiction de la Guillotiere; mais aprés l'Arreſt du Conſeil d'Etat du 11. Aouſt 1699. qui, en expliquant celuy dont on veut ſe prévaloir, a préciſement declaré qu'on n'en pouvoit tirer aucun avantage pour la Juriſdiction, les conſequences qu'on s'étoit hâté de tirer, s'évanoüiſſent. La cauſe eſt entiere. Il faut l'examiner indépendamment de l'Arreſt de 1696. on ne peut pas donner à cét Arreſt une extention affectée qu'un Arreſt poſterieur a expreſſément défenduë. Si le Fauxbourg de la Guillotiere a été déchargé de l'*Octroy* nouveau dont il s'agiſſoit, c'eſt par des conſiderations particulieres, qui doivent être plus humblement reſpectées que temerairement approfondies; mais on ne peut pas dire que ce ſoit ſeulement parce que ce Fauxbourg ſe trouve aujourd'hny au de-là du Rhône ; la même raiſon auroit dû le faire décharger de l'ancien *Octroy* & de la Taille, & cependant il paye encore l'un & l'autre dans la Province de Lyonnois.

Et quand on voudroit même, pour un moment, le ſuppoſer de la Province de Dauphiné, cela ne decideroit rien ſur la Juriſdiction. La Ville de Toulouze a un Fauxbourg au de-là de la Garonne, qu'on appelle le Fauxbourg S. Cyprien. Ce Fauxbourg eſt de la Juriſdiction de Toulouze, & dépend neanmoins de la Province de Guyenne. Alençon a de même au de là de la Sarte, un Fauxbourg, nommé le Fauxbourg de Montfort, qui eſt de la Province du Maine, & en même temps de la Juriſdiction de Roüen : ce ſont des exemples connus. Ainſi de quelque maniere qu'on conſidere l'Arrêt de 1696. la queſtion preſente ne s'y trouve nullement decidée ; il en faut toûjours revenir à examiner de quel côté eſt la poſſeſſion ; or la poſſeſſion ſe trouvant établie en faveur du Sénéchal de Lyon, l'entrepriſe du Parlement de Grenoble ne peut paſſer que pour un trouble, qui ſelon les Loix & les Ordonnances, doit être reparé avant toutes choſes.

Il ne reſte plus, pour ſatisfaire pleinement à ce qu'on s'eſt propoſé, que de faire voir l'avantage que le public reçoit de cette poſſeſſion ; & d'en prouver ainſi la Juſtice, par la neceſſité.

On n'a jamais connu à la Guilloriere d'autre droit ni d'autres uſages, que le droit & les uſages qui s'obſervent à Lyon, parce qu'on a toûjours regardé ce lieu comme un Fauxbourg de Lyon. Si on le détachoit de cette Ville, pour le joindre au Dauphiné, il faudroit en même temps l'aſſujettir aux Coûtumes, & aux Regles du Dauphiné, differentes pour la plûpart de celles de Lyon. On voit d'abord où conduiroit une telle nouveauté.

1. La Taille eſt perſonnelle à la Guillotiere comme dans toute l'étenduë de la Généralité de Lyon; au lieu que dans le Dauphiné, elle eſt réelle & ſe leve généralement ſur tous les heritages : de ſorte que les Bourgeois de Lyon, qui joüiſſent de l'exemption de la Taille, en quelque lieu qu'ils poſſedent des fonds, qui ſur ce fondement auroient crû pouvoir en acheter à la Guillotiere, comme étant de la Sénéchauſſée, de l'Election, du Grenier à Sel & du Gouvernement de Lyon; ſe verroient desormais reduits à y payer la Taille, contre leurs intentions & leurs Privileges.

2. On peut demander à la Guillotiere, & à Lyon vingt-neuf années d'arrerages de cens & ſervis : on n'en peut demander que cinq années dans la Province de Dauphiné; & par ce moyen les Seigneurs & ſur tout l'Egliſe, qui poſſede la plus grande partie des Rentes nobles de la Guillotiere, ſe trouveroient tout d'un coup privez de leurs droits, parce qu'ils ne ſe ſeroient pas aviſez d'en faire la demande dans les cinq ans : Précaution inconnuë à Lyon, & dans le reſſort du Parlement de Paris, dont ils ont toûjours ſuivi les Uſages.

3. Le cens eſt impreſcriptible dans le Païs de Lyonnois, & ſe preſcrit par cent ans en Dauphiné.

4. On ſuit à la Guillotiere, comme à Lyon les Edits de nos Roys qui permettent aux femmes de s'obliger avec leurs marys : on obſerve au contraire en Dauphiné la Loy *Julia* qui le défend. Cette Loy, ſi la pretention du Parlement de Grenoble avoit lieu, ruïneroit pluſieurs Habitans de Lyon, qui aprés avoir contracté avec ceux de la Guillotiere ſur la foy des uſages qui rendent valables les Obligations de leurs femmes, ſe trouveroient ſans action, & ſans reſſource, par un changement qu'ils étoient hors d'état de prévoir.

5. Comme la Guillotiere n'eſt ſeparée de Lyon que par le Rhône, l'Hôtel-Dieu de Lyon qui eſt ſur l'autre rivage du fleuve, a ſon Cimetiere dans ce lieu-là, une Maiſon de campagne pour les Malades, & une retraite pour les paſſans. Ces établiſſemens pieux, l'ouvrage de la Charité des Lyonnois, ont-ils jamais été, & peuvent-ils être naturellement d'une autre Province que de celle de Lyon ?

6. La Guillotiere eſt le grand paſſage des Troupes & leur fournit le logement. La Cavalerie y trouve ſur tout la commodité des fourrages, & des écuries. L'Etape conſiderable qui s'y conſume, eſt impoſée ſur la Generalité de Lyon. Les differends qui naiſſent à ce ſujet n'ont jamais été portez qu'à l'Election de Lyon, & par appel à la Cour des Aydes de Paris. On a toûjours pris l'attache des Gouverneurs de Lyon pour les logemens. Renverſera-t'on ces anciens uſages

pour

pour en former un nouveau, ſur l'intereſt du Parlement de Grenoble ? L'ordre public en ſouffriroit. L'éloignement de la Maréchauſſée de Dauphiné, favoriſeroit la licence des Soldats ; & M. le Maréchal de Villeroy, l'Illuſtre Gouverneur de Lyon, n'auroit plus d'autorité ſur eux, aux portes même de la Ville capitale de ſon Gouvernement.

7. (Et c'eſt ici une obſervation importante) les Moulins où ſe porte tout le bled de Lyon, pour la ſubſiſtance de cette grande Ville, ſont placez ſur le Rhône du côté de la Guillotiere. Sera-ce donc en Dauphiné que ſe moudra tout le bled de Lyon ? Et ſi l'on a des Procez à cette occaſion, comme il arrive tous les jours, faudra-t'il les aller pourſuivre dans une Province étrangere ? Qui ne voit la neceſſité indiſpenſable de trouver un remede prêt, &, pour ainſi dire, ſous ſa main, dans la Police de Lyon, reconnuë d'ailleurs & exercée de tout temps à la Guillotiere, comme il paroît par divers Jugemens qu'on rapporte.

On ajoûtera, que le changement que veut introduire le Parlement de Grenoble, ſeroit contraire à l'intereſt du Roy. Car la Guillotiere qui, comme Fauxbourg de Lyon, paye des droits d'Aydes conſiderables, s'en trouveroit exempt, ſi on l'uniſſoit au Dauphiné, où l'on ſçait que ces ſortes de droits ne ſe levent pas.

Enfin la Juriſdiction de chaque Ville s'étend aux environs ; il n'eſt point de Ville qui n'ait ſa banlieuë. Par quelle exception injurieuſe, voudroit-t'on priver

Lyon, une des plus considerables Villes du Royaume, d'un droit dont joüissent tranquillement toutes les autres ?

Il y a même lieu de s'étonner qu'une entreprise si extraordinaire paroisse sous le nom du Sieur Procureur du Parlement de Grenoble, qui ayant été Conseiller au Presidial de Lyon, & ensuite Procureur du Roy au même Siege ; a contribué successivement, dans l'exercice de ces deux Charges, à maintenir les droits qu'il s'avise d'attaquer. On n'a garde de penser de luy, que les divers interests de Tribunaux le font agir differemment ; la Justice est toûjours la même, & ne change point au gré de l'interest. On croira plûtôt, qu'il est persuadé aujourd'huy comme il l'étoit autrefois, de la verité qu'on vient d'établir ; & que les poursuites contraires qui portent son nom, sont faites à son insçû, ou arrachées à sa complaisance.

Au reste, il ne seroit pas difficile au Sénéchal de Lyon de recouvrer, avec le secours du temps & de quelques soins, d'autres titres que ceux qu'il rapporte ; mais il a crû devoir renfermer sa deffense dans la possession, & demander sur ce fondement que l'Instance d'entre Petrequin & Rivail luy fût renvoyée.

Cette possession, qui auroit seule l'appuy de la Justice, quand elle se trouveroit combattuë par des titres, ou des inconveniens, sera sans doute favorablement reçûë lorsqu'elle paroîtra accompagnée de tous les avantages qui en feroient desirer l'établissement, si elle n'étoit pas établie. D'autant plus

de la tour de Vidaud

garantie entre copartageans — titres des biens partagés — des choses quil nest pas permis de mettre en partage — choses mal aquises —

qu'on ne sçauroit y donner atteinte, sans blesser les droits du Parlement, de la Chambre des Comptes, & de la Cour des Aydes de Paris, qui y ont également interest.

Messieurs	DE LA REYNIE. DE RIBEYRE. DE FOURCY. D'ARGOUGES de Ranes.	Commissaires

Monsieur **CAMUS DE PONTCARRE**, *Maistre des Requestes, Rapporteur.*

Me **BRONOD**, Avocat.

Les engagemens reciproques de ceux qui ont quelque chose de commun ensemble sans convention sont — le soin de la chose commune — le rapport des iouissances — le remboursement des avances et des interets — la deterioration de la chose commune — l'un ne peut sans l'autre innover en la chose commune — peine de celui qui fait un changement sans le gré des autres — si le changement a été souffert — changement a l'insu de l'un des interessés — changement souffert quoique nuisible — engagement de partager la chose commune — si la chose commune ne peut se diviser — charge sur l'un des heritages qui se partagent — lesion en partage

FACTUM,

Pour le Procureur Général au Parlement de Grenoble.

CONTRE les Officiers du Présidial de Lyon.

LEs prétentions des Officiers du Présidial de Lyon, sur la Jurisdiction de la Guillotiere, paroissent si extraordinaires & si peu favorables, qu'il est difficile que le Conseil n'en conçoive d'abord des idées trés-desavantageuses ; puisqu'elles tendent à renverser le droit commun, à changer l'état de la Monarchie, à pervertir l'ordre des Jurisdictions, à sortir des limites que le Roy leur a prescrites, & à s'attribuer sans aucun titre une Justice Présidiale dans une Province & un territoire étranger.

En effet, il demeure pour constant que la Ville de Lyon est située dans une Péninsule entre le Rhône & la Saône qui la confinent de toutes parts [a] ; que le Rhône divise le Lyonnois d'avec le Dauphiné, de même que toutes les autres Provinces ausquelles il est

[a] Le Pere de S. Aubin dans son hist. de Lyon, 1. part. sect. 1. & suiv. L'Auteur des antiquitez de Lyon ch. 1. pag. 2. Paradin hist. de Lyon liv. 1. ch. 4. Rubys hist. de Lyon liv. 1. ch. 2.

aboutissant ; que le mandement de Bechevelain & la Guillotiere , qui donne lieu à cette contestation, est au de là du Rhône dans la Province de Dauphiné ; qu'anciennement il relevoit de l'Empire, même de l'aveu des Sieurs Archevêques & Echevins de Lyon [a] ; qu'il appartenoit & étoit de la mouvance, des Ducs de Savoye , & ensuite des Princes Dauphins ; [b] qu'il s'étend jusqu'au Pont du Rhône, même dans la riviere aussi avant qu'un homme peut pousser une lance à cheval sans nager. [c] Que sur le même Pont , & à l'endroit où finissoit le Dauphiné , il y fut construit une colomne qui subsiste encore à present, au bas de laquelle furent gravées les armes des Dauphins pour servir de limites à cette Province , & separer la Guillotiere d'avec le Lyonnois ; que les peages , les foires , les poids & les mesures n'y ont été reglez, ni la justice exercée que de l'autorité des Princes Dauphins & par leurs Officiers. [d] Que le Parlement de Grenoble y a fait divers actes de Jurisdiction toutes les fois que l'occasion s'en est presentée. [e] Que par l'établissement du Présidial de Lyon la Jurisdiction est renfermée dans les limites du Lyonnois. [f] Que le Presidial le reconnoît de la sorte tous les jours, soit par l'execution de ses Jugemens contre les condamnez au bannissement , lesquels ne sont conduits qu'à l'endroit de la colomne qui est sur le Pont du Rhô-

[a] Piece cottée D.
[b] Pieces cottées B.
[c] Toutes les pieces du cahier cotté B. & du cahier coté C.
[d] Pieces cottées C. & G.
[e] Pieces des cahiers cottez C. & G.
[f] Edit de creation du Presidial de l'année 1551.

ne, pour se retirer ensuite à la Guillotiere, comme un lieu d'azile & de seureté pour eux : [a] soit par la restitution des prisonniers sujets à la Justice du Dauphiné. [b] Que si ce Présidial a connu des affaires concernant les Habitans de la Guillotiere, ce n'a été que clandestinement & par violence ; [c] & parce qu'on faisoit administrer dans Lyon la justice du premier Juge, contre la disposition expresse des Ordonnances, afin que l'exercice en fut secret ? Que les assignations en palis, & les cris publics de la part du Dauphiné ont toûjours été faits sur le Pont du Rhône, contre cette colomne, & les mandemens des Juges du Dauphiné executez dans la Guillotiere sans pareatis. [d] Que la Guillotiere étoit de la taillabilité de Venescy, & contribuable aux impositions generales & particulieres de la même Province. [e] Que lorsqu'on a pretendu d'assujettir les habitans de ce lieu aux imposts & aux subsides de la Ville de Lyon, ils en ont été déchargez par des Arrests du Conseil d'Etat, du Parlement, & de la Cour des Aydes de Paris, de même que par ceux du Grand Conseil. [f] Et enfin lorsqu'il a été question de regler de quelle Province étoit la Guillotiere, il a été declaré par Sa Majesté que c'étoit *un Bourg de Dauphiné, & nullement un Fauxbourg de Lyon* [g], même sur la propre Requête des Officiers du Présidial.

Venessieu

[a] Piece cottée E.
[b] Les pieces du cahier cotté F.
[c] Cela est justifié par les pieces cottées Q.
[d] Pieces du cahier cotté C.
[e] Pieces du cahier cotté H.
[f] Pieces du cahier cotté O.
[g] La neuviéme piece du cahier cotté O.

Contre tant de titres & de moyens si précis & si victorieux, les Officiers du Présidial de Lyon se sont pourtant avisez de soûtenir.

Objections du Presidial

1°. Que la Guillotiere étant du Gouvernement de Lyon, compris dans un rôle qui y fut fait en 1594. & étant contribuable aux charges qui y sont levées, de même qu'au passage & au logement des gens de guerre; il devoit par consequent être toûjours censé & reputé de la même Ville.

2°. Que l'Arrest du Conseil d'en-haut du premier May 1696. qui declare la Guillotiere de la Province de Dauphiné, n'étant qu'un Arrest sur Requête, sans qu'il eût été employé aucunes raisons ni titres de la part du Prevôt des Marchands & des Echevins de Lyon, n'étant pas intervenu avec le Présidial, & n'ayant d'ailleurs rien jugé sur le point de la Jurisdiction, il ne devoit être d'aucune consequence.

3°. Qu'en tout cas le Présidial étoit fondé en titres formels, à la faveur desquels cette Jurisdiction ne pouvoit pas luy être contestée.

4°. Que ces titres se trouvoient confirmez par une possession immemoriale & de plus de deux siécles, sans interruption, & sans avoir jamais souffert le moindre trouble ni empêchement.

Et qu'enfin il y avoit des raisons de convenance qui devoient leur procurer cette jurisdiction.

Réponse du Procureur General à la premiere

Peut-on avancer sans temerité que la Guillotiere ayt* toûjours été contribuable aux tailles & aux charges

* La neuviéme piece du cahier cotté O.

du

du Lyonnois, puisque le contraire se trouve établi par les rôles imposez en Dauphiné [a]; par les poursuites continuelles faites par les Consuls de Venescy pour faire rétablir cette communauté dans leur taillabilité jusques en 1629. [b] par les divers Arrêts qui déchargent les habitans de la Guillotiere de toutes les contributions ausquelles on vouloit les assujettir ? [c]

objection du Presidial.

Venessieu

Et à l'égard du gouvernement & du logement des gens de guerre, outre qu'il ne s'en agit pas presentement, qu'on ne produit non plus aucun titre pour justifier de ce droit, que le Parlement n'y peut prendre aucune part (comme une chose indifferente, & qui n'a rien de commun avec l'exercice de la justice, non plus que l'étenduë des Dioceses dans d'autres Provinces, que celle dans laquelle le Siege Episcopal se trouve établi,) l'Arrest du 1. May 1696. ayant declaré *la Guillotiere être un Bourg de Dauphiné, & nullement un Fauxbourg de Lyon*; peut-on aprés une disposition si formelle, pretendre encore que la Guillotiere fasse partie de la Ville de Lyon, & soit de la dependance de la Province du Lyonnois ?

Quand il seroit vrai, comme le suppose le Présidial de Lyon, que cet Arrest ne seroit qu'un Arrêt sur Requête, en seroit-il moins Arrêt ? Le Roi a-t-il besoin du ministere de ses Sujets, & d'élever des contestations entr'eux pour regler les limites de son Royaume; & les Officiers de ce Présidial doivent-ils avoir si-tôt

Réponse à la 2. objection du Presidial.

[a] Les 1. 2. 3. 4. & 5. pieces du cahier cotté H.
[b] La 6. piece du même cahier.
[c] Les pieces du cahier cotté O.

oublié l'Arrest du Conseil d'Etat du 11. Aoust 1699. rendu sur leur propre Requête, qui les deboute de l'opposition qu'ils avoient formée contre celui du mois de May 1696?

Mais il n'y a qu'à jetter les yeux sur les termes & le veu de cet Arrest, sur les procedures & les titres qui furent lors produits de part & d'autre, sur les écritures & les contestations qui furent faites pardevant le Sieur d'Herbigny Intendant du Lyonnois, auquel les parties furent renvoyées par un autre Arrest du Conseil d'Etat, & sur le procez verbal dudit Sieur d'Herbigny; pour découvrir que cet Arrest est veritablement contradictoire : aussi les Echevins de Lyon, contre lesquels il est intervenu & qui étoient les seules parties capables pour soutenir les droits & le territoire de ladite Ville, n'en ont jamais declaré aucun recours.

On convient que le Presidial n'est point partie dénommée, ni en qualité dans cet Arrest, mais aussi on doit convenir que les Officiers du Présidial étant habitans de Lyon, ils se trouveroient compris dans le corps de la même Ville condamnée par cet Arrest: étant d'ailleurs des principes que de pareils Jugemens rendus sur des questions détat, *faciunt jus quoad omnes*, & doivent servir de loi contre tous ceux qui peuvent y avoir quelque interest; [a] & encore plus particulierement contre les Officiers du Présidial de Lyon, soit comme membres de ladite Ville, soit

a *L. res judicata 207 ff de regul. jur. L. senatusconsultum 1. §. fin. ff. de agnosc. vel alend. lib.* & une infinité d'autres.

pour avoir été deboutez de l'opposition qu'ils avoient declarée contre le même Arrêt.

Et bien que par cet Arrêt il n'ayt rien été statué précisement sur la Jurisdiction, & que par celui du 11. Aoust 1699. il soit dit que Sa Majesté n'a pas entendu d'y prononcer; c'est parce qu'en effet il n'en a point été question lors de cet Arrest, & que les Officiers du Presidial ont donné lieu à cette prononciation, en soûtenant qu'ils avoient des titres importans & authentiques, par lesquels la Jurisdiction de la Guillotiere leur avoit été précisement attribuée, ainsi qu'ils s'en sont expliquez par leur Réquête, sur laquelle ce dernier Arrêt est intervenu, de même que par leur Requête d'intervention, & par leur avertissement.

Mais toûjours il demeure pour certain (aux termes de ces deux Arrests) que la Guillotiere étant du Territoire & de la Province de Dauphiné, il doit indispensablement être de la Jurisdiction des Officiers Delphinaux, à moins que Sa Majesté, ou les Rois ses predecesseurs, par une grace & un privilege particulier, n'eussent accordé cette même Jurisdiction au Présidial de Lyon: *Omnia enim quæ sunt in districtu alicujus Domini, censentur de suo feudo, dominio, & etiam de sua Jurisdictione.* [a] Tellement que la Jurisdiction étant inseparable du Territoire, de même que l'ombre l'est du corps, & la partie de son tout, la Justice ne sçauroit par consequent être exercée

[a] Masuer tit. *de Judicib.* §. *Item omnia.* Bodin en sa Republique liv. 1. ch. 9. Loyseau des Seigneuries ch. 12. nomb. 5. 6. & suiv.

dans une Province, que par les Juges que le Prince y a établis, à moins qu'il n'y ait derogé par une loi particuliere. [a]

Ce qui est d'autant plus favorable en cette occasion, qu'il ne s'agit pas simplement de la Justice & de son étenduë, entre un Seigneur particulier & un autre Seigneur, dont les terres relevent d'un même ressort ; mais d'un Territoire qui fait partie d'une Province ressortissante à un Tribunal different de celuy du Lyonnois ; en telle sorte que le Roy ayant retabli la Guillotiere dans le Dauphiné, il faudroit pour en ôter la Jurisdiction aux Officiers de cette Province, que Sa Majesté s'en fut expliquée autrement par une concession expresse, comme étant un droit qui n'appartient qu'à la plenitude de sa puissance de changer les distributions & les partages des Territoires & en separer les Jurisdictions.

Il est vrai que si le Présidial étoit muni de quelque Edit, Ordonnance, ou Declaration dûëment verifiez, qui eussent separé la Jurisdiction de la Guillotiere d'avec le Territoire, il auroit quelque raison de la pretendre ; mais si au contraire il n'a aucun titre de cette qualité, il faut necessairement se regler par le droit commun, pour conclure que la Guillotiere *étant un Bourg de Dauphiné*, il ne peut avoir ni reconnoître d'autres Juges que ceux du païs dans lequel il est situé.

En effet ce seroit une chose mostrueuse & qui est sans exemple dans le Royaume, de voir des Officiers

a *L. Pupillus §. territorium ff. de verb. signif. L. qui ex vico §. territorium. Ad municip. L. forma §. is vero ff. de censib.* conformes aux anciennes & noûvelles Ordonnances.

d'une

d'une Province, faire fonctions de Magistrats dans un lieu entierement detaché de leur ressort; de pretendre que les Habitans de la Guillotiere soient de la Province de Dauphiné, & nullement de celle du Lyonnois, en ce qui concerne le Territoire, les Charges, les droits, les immunitez & les privileges; & que pour la Justice, ils cessent d'être de la même Province, & soient par-là privez de la Jurisdiction des Juges de leur domicile, quoique tous ceux des autres Communautez qui les joignent y soient soûmis; & qu'encore que le Roy & toutes les Cours de Paris, ayent decidé par un nombre infini d'Arrêts, que la Guillotiere étoit *un Bourg de Dauphiné & nullement un Fauxbourg de Lyon*, même contre les Fermiers du Roy, devienne neanmoins (sans aucun nouveau titre) de la dependance de Lyon lorsqu'il s'agira de la Jurisdiction, bien que tous ces Arrêts n'ayent été obtenus que sur des procedures & des actes de Justice qui ont été faits, tant par le Parlement de Grenoble que par les autres Officiers Delphinaux.

Réponse à la 3. objection du Présidial.

Il ne s'agit donc presentement que d'examiner ces titres singuliers & importans, que les Officiers du Présidial de Lyon devoient produire pour s'attribuer cette Jurisdiction; cependant ils sont obligez de convenir à present, qu'ils ne consistent qu'à une certaine procedure du mois d'Aoust 1479. pretenduë faite par le nommé Loüis Tindo, qu'on dit avoir été commis par le Roy Loüis XI. pour regler les limites de ces deux Provinces; à laquelle ils ont ajoûté par une nouvelle production une certaine Patente du 11. Avril 1592. qu'ils ont qualifiée tantôt d'Arrêt du Conſeil Privé, tantôt de Reſultat du Conſeil d'Etat.

Pour peu d'attention qu'on donne à la procedure de ce Tindo, on découvre aiſément les deffauts eſſentiels qui s'y rencontrent ; puiſque ſon nom, ſon caractere, & ſa ſignature ſont également inconnus. Que la commiſſion en vertu de laquelle il a fait cette procedure, eſt encore une piece ſecrette qui ne paroît point. Que celle qui y eſt énoncée, eſt émanée du Grand Conſeil, pour faire diverſion ſur une inſtance qui étoit pendante au Parlement de Grenoble, mais nullement du propre mouvement du Roi Loüis XI. (ainſi qu'on l'a voulu inſinuer.) Que la même procedure fait foi, que cette commiſſion avoit été adreſſée au Sieur Fumée Maître des Requêtes, qui l'avoit commencée, enſuite des aſſignations données pardevant lui ; & qu'ainſi Tindo qui n'avoit été nommé que comme ſon ajoint, n'étoit pas lui ſeul en état de rien entreprendre, ni ordonner indépendemment & ſans la participation de l'autre, (ce qu'il a reconnu de la ſorte en ſe ſoûmettant de prendre & de recevoir un ajoint, comme il s'en explique encore par cette procedure.) Que tous les exploits, informations, deliberations, conſultations, deſcriptions, menſurations, & ce grand nombre de titres, qui ont ſervi de prétexte à ſon avis, ne ſont juſtifiez que ſur ſon raport & par le témoignage qu'il en donne, aprés une priſe à partie declarée contre lui, ſans même en deſigner aucun. Auſſi il a été impoſſible au Préſidial de Lyon d'en juſtifier, ni qu'il y ait eu aucuns faits deduits, articulez, ni conteſtez, ainſi que Tindo dit encore l'avoir ordonné, quoi qu'il n'eut pas été moins facile de les avoir que cette procedure, à laquelle on prétend que tout étoit joint. Que Tindo atteſte même une choſe viſiblement fauſſe & moralement impoſſible, non ſeulement en ſuppoſant qu'un Sergent a fait dans un jour plus de 40. lieuës de France, pour aſſigner toutes les parties pardevant lui ; mais encore en lui faiſant tenir un langage imaginaire, ſur l'approbation de ſa commiſſion par le Parlement de Grenoble, quoi qu'il declare lui-même dans la ſuite le contraire. Outre que ſi cette procedure eſt veritable, il eſt aiſé de penetrer que ce n'eſt qu'un ouvrage d'iniquité, & l'effet du chagrin & du reſſentiment de ce Tindo, cauſé par les oppoſitions, appellations, & priſes à partie ſi ſouvent réïterées contre lui, & dont il ſe rend lui-même le Juge, en y declarant le Procureur General non recevable, quoi qu'il ne pût pas ſans attentat & ſans ſe commettre, éviter d'y deferer. [a] Nonobſtant les deffenſes qu'il fit à toutes perſonnes publiques de lui ſignifier aucuns actes, & les ſentimens qu'il dit avoir pris des Praticiens de Lyon, intereſſez dans cette pourſuite ; bien que tous les prétextes ſur leſquels il s'étoit fondé pour continuer ſa procedure, euſſent été levez, par la preuve de la litiſpendance au Parlement de Grenoble, & du pouvoir

[a] Argent. tit. des Juſtices, art. 29.

donné à celui qui fit toutes ces protestations.

Mais par dessus cela, le recours declaré contre cette procedure, l'ayant rendu inutile & sans effet; le Parlement de Grenoble étant saisi de la matiere qu'on prétend avoir donné lieu à cette procedure; n'étant & ne pouvant être partie dans l'instance qu'on dit avoir été portée au Grand Conseil par le Sieur Archevêque de Lyon : la commission qu'on prétend y avoir été obtenuë, limitant même le pouvoir des Commissaires, à faire un simple Reglement par provision, sans pouvoir rien statuer ni ordonner definitivement, dont la connoissance est reservée aux Juges, ausquels elle seroit renvoyée : cette procedure n'ayant jamais été connuë ni signifiée; quand elle auroit même été confirmée par un Arrêt, (ce qui n'est pas) le Procureur General du Parlement de Grenoble étant toûjours en état d'en recourir : & d'ailleurs, nonobstant cette prétenduë procedure, Sa Majesté par ses Arrêts du 1. May 1696. & 11. Aoust 1699. n'ayant pas laissé de declarer la Guillotiere *être un Bourg de Dauphiné & nullement un Fauxbourg de Lyon*, & de regler par consequent les limites de ces deux Provinces d'une autre maniere que n'avoit fait Tindo, en prenant fondement que la Guillotiere avoit toûjours appartenu au Roy, à cause de sa Couronne, contre ce que les Sieurs Archevêques & Echevins de Lyon avoient eux-mêmes soûtenu, en distinguant les Monarchies dans lesquelles la Ville de Lyon & le Mandement de Bechevelain étoient situez, ayant été obligez de reconnoître que Bechevelain étoit entierement

separé

ſeparé du Lyonnois : *Cum dicta Civitas Lugdunenſis ſit in Regno, & dictum Caſtrum de Bechevelain in imperio.* [a] Ce que Sa Majeſté a clairement expliqué, de même que le Conſeil & les autres Compagnies de Paris, par tous leurs Arrêts : peut-on encore aprés cela ſoûtenir que Bechevelain doive être ſujet à la Juſtice du Lyonnois, ſur le ſeul avis dudit Tindo, lequel étant d'ailleurs obligé de ſe conformer à l'uſage, tout concouroit en faveur des Officiers Delphinaux.

Que ſi cette procedure ne peut être d'aucune conſideration, les Officiers du Préſidial de Lyon ſont encore moins en état de ſe prevaloir de la derniere piece qu'ils ont eu la temerité de produire ſous la datte du 11. Avril 1592. en lui donnant la fauſſe qualité d'Arrêt ou de Reſultat du Conſeil d'Eſtat, quoi qu'elle ne ſoit ni l'un ni l'autre, qu'elle porte avec ſoi ſa reprobation, qu'elle ne puiſſe paroître ſans cauſer de l'horreur aux veritables ſujets du Roy ; & laquelle au lieu d'avoir été conſervée avec tant de ſoin dans les Archives de ce Préſidial, afin d'avoir un jour occaſion de s'en ſervir pour fonder ſa Juriſdiction, avoit deu animer ſon zéle pour la ſupprimer avec éclat, puiſqu'elle n'a été conçûë que par les ennemis de l'Etat, dans un temps de ſedition & de revolte : & c'eſt à quoi ſans doute le Conſeil ne manquera pas de pourvoir.

En cet état, le Préſidial de Lyon ne peut pas s'excuſer qu'il n'ait impoſé à la verité pour ſurprendre la reli-

[a] La 4. piece du cahier cotté B. & la piece cottée D.

gion du Conseil, en supposant qu'il étoit fondé en titres précis & authentiques pour faire separer la Jurisdiction du Territoire ; cependant ils se reduisent tous à deux pieces trés-odieuses, qui n'ont ni forme ni authorité, qui ont été negligées & abandonnées & qui se trouvent détruites & anéanties par tant d'Arrêts.

Réponse à la 4. objection du Présidial.

Aprés cela il seroit inutile de s'engager à traiter la question de la prescription sur la possession immemoriale, à laquelle le Présidial de Lyon a été contraint de se retrancher, puisqu'il n'a prétendu de l'appuyer que sur des titres particuliers pour induire qu'ils avoient eu une entiere execution : ce qui ne se trouvant pas aujourd'hui veritable, il se seroit par-là lui-même fait la loi, pour n'être plus en état d'en pouvoir opposer.

Neanmoins pour le detromper de toutes parts, le Procureur General au Parlement de Grenoble, établira sensiblement par des principes incontestables & sur les circonstances du fait tirées des pieces produites dans l'instance, qu'il n'y a, & n'y peut avoir aucune prescription, que la matiere n'en est point susceptible, & que quand il y en auroit eu quelqu'une, elle se trouveroit inutile ou suffisamment interrompuë.

Le Présidial de Lyon fonde principalement sa possession sur des Sentences qu'il pretend avoir rendu, soit en premiere instance sur des decrets introduits par des Habitans de Lyon, en vertu des contracts, portans soûmission aux Cours de la même Ville, ou sur des appellations du Juge de la Guillotiere.

Il y a d'abord une raison invincible contre cette pretenduë possession, sur sa clandestinité, sur les violences & les moyens extraordinaires que le Présidial a pratiquées pour se procurer cette Jurisdiction, [a] & sur le transport affecté de l'Auditoire & des Prisons de la Guillotiere dans la Ville de Lyon, pour y faire exercer la Justice, & attirer les appellations de ce Juge au Présidial, par des voyes illicites & condamnées par nos Rois, & par toutes les Compagnies Superieures.

En effet, s'il est vrai, comme on ne peut pas le revoquer en doute, que la Justice ne doit être administrée que sur les lieux; que les Juges sont obligez d'y resider & d'y tenir leur Auditoire; [b] ne leur étant pas même permis de faire executer leurs jugemens dans le Territoire d'un autre: [c] quelle apparence y a-t-il que les mépris & les attentats du Présidial de Lyon puissent être des moyens suffisans pour leur acquerir un ressort par la possession, comme si l'on pouvoit prescrire contre le droit & les Ordonnances ausquelles on ne sçauroit déroger ni par convention, ni par quelque espace de temps que ce soit; en telle sorte que la Jurisdiction du Juge de la Guillotiere, n'ayant pas pû être exercée dans Lyon, tous les actes qu'on y auroit pû faire ne seroient d'aucune consideration: étant des élemens du Droit & de la Jurisprudence de toutes les Compagnies du Royaume, qu'une possession ne peut

[a] Pieces du cahier cotté Q.
[b] Loyseau des Seigneuries ch. 10. nomb. 86. & suiv. Et en son traité des Offic. liv. 5. ch. 2. nomb. 88. 89. & 90.
[c] Argent tit. des Justic. art. 7.

jamais passer pour legitime qu'elle ne soit publique, connuë à celui contre lequel on prétend s'en servir : *Sciente & patiente adversario* [a] ; & qu'elle ne peut point être opposée, lorsqu'on a pris soin de la cacher à celui qui étoit en droit d'y resister, *Ignorante eo quem sibi controversiam facturum suspicabatur, & ne faceret timebat.* [b] Parce que la possession pour être legitime doit toûjours être accompagnée de bonne foi, & nullement secrette, artificieuse & clandestine [c] comme l'est celle dont le Présidial de Lyon veut aujourd'hui opposer : *Usucapio enim non competit furi, neque ei qui per vim possidet.* Et ainsi le Parlement de Grenoble n'ayant pas pû découvrir ce qui se passoit dans Lyon, où l'on instruisoit en cachette toutes les affaires concernant les Habitans de la Guillotiere, tant en premiere instance qu'en cause d'appel ; il n'étoit pas en état d'empêcher les entreprises qui étoient faites sur sa Jurisdiction : *Nemo enim prohibere potest quod ignorat* : la possession ne pouvant jamais être opposée contre celui qui l'ignore, [d] ou qui n'a pas eu occasion de faire des actes de justice. *Si casus non occurrit in quo Jurisdictionem exercere potuisset.* [e]

On ne peut pas non plus tirer avantage des contestations volontaires qui pourroient être intervenuës au Présidial de Lyon puisque n'y ayant pas dû être

a *L. 153. ff. de regul. jur.*

b *L. 6. ff. d acquir. vel amitt. possess.*

c *L. 2. ff. de servit. L. Quamvis ff. de acquir. possess. ... §. furtiva. Inst. de long. temp. praescript. & l. 1. §. 2. ff. de vi & vi armat.*

d Argent. tit. des appropriances art. 273. sous le mot, pourveu qu'il ne fut sçavant. per tit.

e *Balbus tractat. tractatuum tom. 17. pag. 93.*

faites

faites, elles ne peuvent de rien ſervir : tout cela n'ayant été pratiqué que de concert entre les Sieurs Archevêques de Lyon, leurs Officiers, & ceux du Préſidial, par la médiation des Procureurs qui occupent dans ces deux Siéges, & par la déference qu'ont eu les Habitans de la Guillotiere pour leurs Prélats, leurs Seigneurs Temporels & Spirituels. Outre que perſonne n'ignore que les Parties ne peuvent pas ſe faire & ſe choiſir des Juges, ni donner Juriſdiction à qui ne l'a pas ; [a] & encore moins en France, où les Juriſdictions ſont Patrimoniales, & ne peuvent être prorogées. [b]

La Colomne qui ſubſiſte encore ſur le Pont du Rhône, au bas de laquelle étoient empreintes les Armes de Dauphiné, pour limiter le Territoire & la Juriſdiction de ces deux Provinces, & qui n'ont été enlevées que depuis quelques années, ſont encore un obſtacle inſurmontable à la prétenduë poſſeſſion du Préſidial ; puiſqu'il eſt pareillement des régles que jamais on ne peut preſcrire contre des limites, [c] qui interpellent & reclament continuellement (de même que le titre, en faveur du Proprietaire,) les choſes qu'elles renferment, contre les entrepriſes de ceux qui voudroient les uſurper : *Et continent perpetuam & indeſinentem interruptionem, adeò ut nullis ſæculis poſſint præſcribi.* [d] Et c'eſt par cette raiſon, qu'elles ne doivent jamais être changées ni alterées. *Nec evelli, nec co-*

[a] *L. Privatorum 3. C. de Iuriſd. omn. judic.*

[b] De L'homeau en ſon Traitté des maximes generales du Droit François. liv. 2. des Droits Seigneuriaux chap. 4.

[c] *l. Inter caſtellaniam 44. ff. de recep. arb. & l. eos terminos 12. ff. fin. regund.*

[d] *Joannes Faber ad l. cum notiſſimi C. de præſcript. 30. vel 40. ann. & gloſſ. in l. ſucceſſionum 2. C. fin. regund.*

arctari, nec proferri, præsertim quando agitur de publico. [a]

Mais que peut-on dire contre l'Edit de création des Officiers du Présidial de Lyon, lequel en leur donnant la qualité & le caractere de Juges, a en même temps reglé leur pouvoir & l'étenduë de leur ressort, lequel étant reduit à connoître des appellations *du Siége de Lyon, des Siéges de la Conservation, des Foires & du Bailliage de Mâcon, Forêts & Beaujolois*; sur quel prétexte pourroit-on prétendre que la Guillotiere, qui a son Juge particulier, dont il n'est fait aucune mention dans cet Edit, qui est situé dans les limites du Dauphiné, & declaré *un Bourg de la même Province*, & nullement de la dépendance de Lyon, eut neanmoins quelque rapport, & pût être compris dans les Siéges de Lyon & de Mâcon, dont il est parlé dans le même Edit?

De sorte que la Jurisdiction du Présidial étant bornée par cet Edit dans la Ville de Lyon, & celle du Parlement de Grenoble s'étendant sur tout ce qui est renfermé dans les limites de la Province de Dauphiné (dont la Guillotiere est une des Communautez qui la composent,) le Présidial de Lyon ne peut jamais être en état d'opposer de prescription contre son propre tître, & contre celuy dudit Parlement.

On convient qu'il y a des cas, comme en matiere de servitudes continuës, ausquels la possession immemoriale est reçûë; parce qu'elle tient lieu & a force

[a] *Mornac in l. 2. ff. fin. regund.*

de tître lorſqu'il n'y en a aucun : *Et habet vim tituli* [a] ; mais perſonne juſqu'à preſent n'a oſé propoſer la poſſeſſion contre le tître *qui ſemper clamat*, *ſemper vigilat*, *ſemper loquitur* : Outre que la preſcription devant toûjours être fondée ſur la bonne foy, elle ne ſçauroit jamais être preſumée, lorſque celuy qui en oppoſe, eſt convaincu de dol & d'uſurpation par ſon propre tître, *Et alienum eſſe ſciebat.* [b]

Auſſi la preſcription n'a été introduire qu'à deffaut de tîtres, & pour maintenir le repos & la tranquillité dans les Familles ; mais non pas pour troubler l'ordre d'une Monarchie, & ſervir de pretexte à l'injuſtice & à la mauvaiſe foy : *Non enim tam ratio obtinendæ poſſeßionis, quam origo nanciſcendæ, exquirenda eſt.* [c] En telle ſorte que ſi la poſſeſſion ſe trouve contraire au tître, le Poſſeſſeur ne peut jamais s'en prévaloir : *nec mutare cauſam nec titulum poſſeßionis* ; parce que la poſſeſſion doit toûjours être reglée par le tître, *& determinari à titulo* ; [d] Et que toutes les fois que l'origine eſt certaine, il faut neceſſairement que la preſomption qui vient de l'ancienneté du temps, cede à la verité connuë & découverte par le tître : *Veritati enim nemo præſcribere poteſt, non ſpatia temporum, non patrocinia perſonarum, non privilegia regionum.* [e] Principalement en fait de Juriſdiction, qui doit toûjours être entretenuë de la maniere qu'elle a

a *L. hoc iure §. ductus aquæ. ff. de aq. quotid. & æſt.*
b *Text. in l. 3. §. 3. ff. de acquir. vel amitt. poſſeſſ.*
c *L. clam. ff. de acquir. vel amitt. poſſeſſ. l. unica §. fin. C. de impon. lucrat. poſſeſſ.*
d Cujas ſur la Loi, *cum memo C. de acquir. & retin. poſſeſſ.*
e *Tertull. lib. de vel. virg.*

été reglée & établie par le Prince : *remanere & exerceri pracisè in illa forma & in illis terminis quibus fuit concessa.* [a]

Il faut donc convenir que nul ne pouvant prescrire contre son titre, & celuy du Présidial de Lyon étant contraire à sa pretenduë possession, on n'a besoin que d'employer ses propres armes pour détruire tout l'avantage qu'il voudroit en tirer, & la faire entierement rejetter.

S'il étoit necessaire, pour fortifier cette maxime, d'employer les préjugez qui ont été rēdus en semblables cas, il n'y auroit qu'à rapporter tous les Arrestographes qui ont traité la même matiere, sans qu'on en puisse découvrir aucun qui contienne des dispositions contraires. On se contentera de remarquer les deux celebres Arrêts raportez par Me Charles Dumoulin, en son Cons. 10. & par du Luc, liv. 9. tit. 5. Le premier rendu contre les Chanoines de la Ville de Francfort, & l'autre contre l'Evêque de Clermont, par lesquels la possession même de trois siécles, contre le titre, fut declarée entierement inutile : dont la raison est sensible ; car si bien l'ancienneté & la longue possession font présumer le titre, elles ne l'induisent pourtant pas, & ne peuvent jamais prévaloir à la raison & à la verité.

Il n'y a pas apparence qu'aprés les observations qui ont été faites contre le prétendu Resultat du mois d'Avril 1592. les Officiers du Présidial de Lyon osent insister aux inductions qu'ils en ont voulu tirer, pour servir de fondement à leur possession, puisqu'ils ne peuvent

a Suivant la remarque de Dumoulin sur le tit. 10. de la Coûtume de Paris.

pas

pas ignorer qu'il vaut beaucoup mieux n'avoir point de tîtres, que d'en produire qui soient vicieux & illegitimes, contre les Loix, les Ordonnances, & contre les bonnes mœurs; ou avoir une cause injuste & illicite: d'autant que dans tous ces cas, ils sont perpetuellement obstacle à la prescription, laquelle ne peut jamais avoir lieu, lors qu'elle est opposée au bien public & à la loi de de l'Etat, *& nullam vim habere indubitati juris est.* [a] De même que les contracts faux & usuraires, dont le vice ne sçauroit non plus être couvert par le temps, en telle sorte que toutes les fois que le Possesseur fait voir le jour à son tître, il renouvelle son crime & découvre sa turpitude, qui le rend indigne du benefice de la loi & de la prescription. *Frustra enim legis beneficium implorat, qui in legem committit.* La possession pour prescrire devant toûjours être fondée sur la bonne foi; parce que, comme il a été déja remarqué, elle fait présumer un tître juste & legitime; mais quand ce tître paroît, la présomption de la bonne foi cesse, lorsqu'il se trouve vicieux & reprouvé.

Que si, par ce qui vient d'être representé, la possession dans laquelle prétend être le Présidial de Lyon, ne peut point lui être favorable, elle doit l'être encore moins par rapport à la chose, s'agissant de faire ou de changer des Loix, d'instituer & d'établir des Officiers & de regler leur Jurisdiction & l'étenduë de leur ressort, qui sont des droits attachez à la Personne Sacrée de Sa Majesté comme Souverain, *jure singulari*; & lesquels étant incommunicables seroient par consequent im-

a. *L. 6. de pact.*

prescriptibles ; [a] étant certain que ce qui ne peut pas être aliené ne peut jamais être prescrit , [b] & encore moins ce qui dépend de la Superiorité. [c]

C'est sur ce principe que comme l'obéïssance dûë par un fils à son pere ne peut point être affoiblie par le temps, non plus que le respect & la fidelité que doivent les Sujets à leur Souverain ; il en doit être de même de la Jurisdiction des Parlemens, ausquels le Roy confere son pouvoir & son autorité dans l'administration de la Justice, laquelle d'ailleurs ne pouvant jamais être du nombre des choses qui entrent dans le commerce, (comme étant une émanation de la puissance Souveraine du Prince, auquel elle appartient, *In signum superioritatis & universalis Dominii* ;) Il n'y a que lui seul qui ait le pouvoir de la communiquer, sans qu'elle puisse être acquise par la possession, quelque ancienne qu'elle puisse être. [d] Comme il a été encore Jugé par Arrest solemnel du 5. Janvier 1674. [e] Et c'est ce que le Présidial de Lyon a lui-même pris soin d'établir, en employant le sentiment de Bacquet, qui soûtient formellement cette maxime. [f]

Aussi tous les Jurisconsultes, tant du Droit Romain que du Droit François, conviennent que ceux qui exercent quelques Jurisdictions, ne peuvent les tenir que du Roi, auquel seul appartient le droit de les permettre & de les établir ; veu même que celles que les Seigneurs particuliers possedent en directe, ne peuvent subsister qu'entant qu'elles relevent de Sa Majesté, qui en est comme la base & le soûtien.

a Argent. tit. des Droits du Prince, art. 56. not. 3. art. 2.
b *L. alienationes ff. de verb. signif.*
c *Balb. tom. 17. tract. tract. p. 93.*
d *L. comperit. C. de præscript. 30. vel 40. ann.*
e Rapporté par M. de la Guessiere, tom. 3. liv. 8. ch. 2. fol. 595.
f Bacquet du Droit de desherence, chap. 7.

Outre qu'il ne s'agit pas seulement dans cette occasion d'une Jurisdiction simple, mais *d'une Jurisdiction de ressort*, pour juger les appellations du Juge du Bourg de la Guillotiere : lequel étant sans difficulté un Bourg de la Province de Dauphiné, les Officiers du Présidial de Lyon ne pourroient pas, sans entreprendre sur l'autorité du Roy, en connoître, ny s'attribuer par ce moyen une Jurisdiction de ressort. [a]

Ce qui seroit d'autant plus dangereux & de consequence, que le Présidial pourroit prononcer & juger en dernier ressort, les appellations des Sentences du premier Juge, portans condamnation à des sommes qui n'excederoient pas le cas Présidial ; ce qui ne pourroit être que par usurpation sur la souveraineté dont le ressort est un des principaux droits, [b] au préjudice des Juges ausquels les Rois l'ont deposé, & qui doivent par un titre particulier, tenir d'eux le droit de correction sur les premiers Juges : le Présidial de Lyon n'en ayant pas plus dans la Guillotiere que les autres Présidiaux de France.

On peut encore ajoûter cette consideration, que pendant les troubles du Royaume, qui n'ont cessé qu'au mois de May 1610. par la Déclaration que fit Loüis XIII. sur les Edits de pacification, des années 1585. 1591. & 1598. les affaires publiques étoient dans un si grand desordre, & particulierement en Dauphiné, qui étoit le siége de la Religion Protestante, que le Parlement étoit plus appliqué à arrêter les entreprises & les violences publiques, qu'à découvrir les actes secrets & clandestins, par le moyen desquels le Présidial de Lyon essaïoit d'usurper

a Le grand Coûtumier liv. 4. ch 7. si sans titre un Seigneur use de ressort & entreprend sur les droits du Roy.

b Comme remarque du Tillet. ch. du Connêtable.

sa Jurisdiction : étant encore certain que pendant tout ce temps-là aucune prescription n'auroit pû courir. a

Que si de simples droits Seigneuriaux ne sont pas sujets à la prescription dans le Lyonnois (comme l'a établi le Présidial dans ses deffenses) que les fonctions, ni les droits réels & honorifiques des Officiers ne pussent pas être attribuez, ni communiquez par leur consentement, non plus que par la possession ; ainsi que le Conseil l'a toûjours jugé, & particulierement par Arrêt rendu au profit des Huissiers à la Chaîne, contre ceux des Requêtes de l'Hôtel, par lequel toutes les significations des actes & procedures du Conseil furent attribuées aux premiers, bien que les Huissiers des Requêtes de l'Hôtel fussent dans cette possession paisible depuis plus de deux siécles ; il y auroit bien moins de raison de prétendre que la prescription dût avoir lieu pour acquerir & faire perdre une Jurisdiction de ressort.

Nota

La même chose se trouve avoir été solemnellement decidée par deux Arrêts contradictoires du Conseil, des années 1691. & 1697. en faveur du Parlement de Grenoble, contre les Officiers de la Chambre des Comptes de la même Ville ; car bien que ceux-cy fussent dans une possession immemoriale de porter le Chaperon fourré d'hermine, & de se qualifier Cour des Finances ; neanmoins ils en furent privez par lesdits Arrêts, par les deffenses qui leur furent faites de prendre la qualité de Cour des Finances, & de porter à l'avenir le Chaperon fourré, comme un droit qui n'appartenoit qu'aux Officiers du Parlement, & que ceux de ladite Chambre

a Leprestre. cent. 2. ch. 57. fol. 503. & ch. 102. f. 615. Loüet lett. C. n. 47.

des

des Comptes n'avoient pas pû acquerir par prescription.

Ce que Sa Majesté ayant aussi jugé formellement par l'Arrest du Conseil-d'enhaut, du 1. Mai 1696. en declarant *la Guillotiere être un Bourg de Dauphiné*, bien qu'il eût été soûtenu de la part des Echevins de Lyon, qu'il avoit toûjours été censé & reputé être un Fauxbourg de Lyon, sujet & contribuable aux charges de ladite Ville, dont il a été affranchi par ledit Arrêt : où est la raison de difference, pour prétendre que Sa Majesté n'ayant eu aucun égard à la possession au sujet du Territoire, il y ait lieu de faire aujourd'huy un Jugement contraire pour la Jurisdiction, & admettre la prescription dans un cas & la rejetter dans l'autre, quoique ce soit deux choses inseparables, inherentes & correlatives ?

En un mot, s'agissant d'un droit public, imprescriptible de sa nature,[a] de même que tout ce qui regarde le domaine & la souveraineté du Prince :[b] le Présidial de Lyon doit être entierement desabusé qu'il puisse avoir acquis par la possession une Jurisdiction de superiorité & de ressort dans une Province differente.

Mais quand toutes ces raisons seroient surmontées, ou pourroit-on trouver la moindre ouverture à une possession immemoriale, puisque non-seulement les Habitans de la Guillotiere ont perpetuellement resisté d'être compris dans le Territoire du Lyonnois, mais encore le Parlement de Grenoble s'est aussi élevé pour conserver cette Jurisdiction, ainsi qu'en fait foi le procez verbal de l'année 1603.[c]

a *L. 9. & L. 45. de usurpat. & usucap.*

b *§. 9. Instit. de usucap. L. 2. C. Comm. de usucap.* & l'Ordonnance de François I. du mois de Juin. 1539.

c Pieces cottées I.

Venessieux

Et d'ailleurs, les Consuls de Venessi & les Estats de Dauphiné, ayant poursuivi au Grand Conseil, les Sieurs Archevêques de Lyon, les Eslûs & les Echevins de la même Ville, pour revendiquer le Territoire, la Taillabilité & la Justice de la Guillotiere; ces poursuites ayant continué jusqu'en l'année 1636. [a] & deux differens deffauts ayant été levez & obtenus contre eux au Grand Conseil en l'année 1611; [b] les assignations données aux Habitans de la Guillotiere, soit *in palis* sur le Pont du Rhône, ou dans le lieu même, ayant été exploitez sans pareatis; [c] les condamnez au bannissement par le Présidial, ayant été conduits sur le Pont du Rhône, comme à l'endroit où finissoit leur Jurisdiction; [d] les procedures & actes de justice des Commissaires du Parlement de Grenoble, ayant été faites dans ledit lieu de la Guillotiere; [e] le Roy Loüis XII. ayant fait deffenses au Parlement de paroître en qualité dans les contestations qu'il y a eu au sujet de ces limites; [f] & y ayant eu des poursuites continuelles faites de temps en temps: ne seroient-ce pas des moyens plus que suffisans pour rendre inutile cette pretenduë prescription, puisque le moindre acte ou opposition (qui établit le trouble) est capable de l'interrompre, [g] & de remettre les choses dans leur ordre naturel, en conservant au Parlement de Grenoble son ancienne & veritable Jurisdiction, que le Présidial de Lyon voudroit lui enle-

[a] Pieces du cahier cotté H.
[b] Pieces cottées N.
[c] La 1. 2. & 3. piece du cahier cotté P.
[d] Les pieces du cahier cotté F.
[e] La 4. 5. & 6. piece du cahier cotté P.
[f] La piece cottée L.
[g] *L. sicut C. de præscrip. 30. vel 40. ann.* Argent. tit. des plaigemens & attentats sur iceux art. 106. glos. 4. num. 2.

ver, sans titre, sans raison, & sans aucune finance ni attribution, quoique l'étenduë du ressort de ce Parlement soit fort limitée, & qu'il ait été dépoüillé de la Jurisdiction du Marquisat de Saluces & de celle de la Bresse, sans en avoir reçû aucune indemnité ni dédommagement.

Par-dessus cela, les nouvelles Ordonnances ayant par exprés dérogé à tous les usages qui pourroient y être contraires, & par celles de 1670. pour les matieres criminelles,[a] conformes à la disposition du droit,[b] ayant été ordonné que la connoissance des crimes, *appartiendra aux Juges des lieux où ils auront été commis*, (ce qui comprend les Juges Superieurs, de même que ceux de premiere Instance;) il s'ensuit par une consequence necessaire, que le Juge de la Guillotiere étant Juge d'une Terre de Dauphiné, il n'y a par consequent que les Juges Superieurs de la même Province qui puissent connoître des appellations de ses jugemens, comme étant Juges de tout ce qui est renfermé dans les limites du Dauphiné : autrement ce seroit une bigarrure insupportable dans l'ordre de la Justice, directement opposée aux intentions de Sa Majesté, si les appellations des Sentences renduës par le Juge du Seigneur d'une Terre située en Dauphiné, étoient portées & traitées dans le ressort d'une autre Province.

Réponse à la 5. & derniere objection du Présidial.

Enfin, c'est une illusion de soûtenir que la proximité ni les raisons de bien-séance & de convenance, puissent faire transporter & changer l'ordre des Jurisdictions. Si cela avoit lieu, le Parlement de Grenoble seroit en

a Tit. de la competence des Juges, art. 1.
b L. 1. C. *ubi de crim. agi oport.*

droit de prétendre celle de la Ville de Lyon, de même que de Tournon, Sainte Colombe, Saint Andeol, Baix sur Baix, Tarascon, Beaucaire, & une infinité d'autres endroits qui bordent le Rhône, de l'autre côté du Dauphiné, puisque les Parlemens de Paris & de Toulouse, ausquels tous ces lieux ressortissent, en sont éloignez de plus de cent lieuës, & par consequent plus incommodes aux Parties, que si elles étoient justiciables au Parlement de Grenoble qui est dans leur voisinage.

Partant le Procureur General du Parlement de Grenoble est bien fondé de persister aux fins & conclusions par lui prises dans l'Instance.

Monsieur DE PONTCARRE', Rapporteur.

Messieurs { DE LA REYNIE. DE RIBEYRE. DE FOURCY. D'ARGOUGES de Ranes. } Commissaires

Me PAYELLE, Avocat.

une chose peut etre commune a plusieurs personnes sans convention comme entre donataires ou legataires dune meme chose — entre coheritiers — entre un associe et les heritiers de son associe — entre les acquereurs de portions indivises —

PROCEZ VERBAL,

DE MAITRE LOUIS TINDO, Commissaire du Roy, pour la Jurisdiction de la Guillotiere, & Mandement de Bécheveling.

Du 23. d'Aoust 1479.

L'An de Grace, mil quatre cens soixante dix-neuf, le vingt-troisiéme jour du moys d'Aoust. A Nous Loys Tindo Licencié en Loix, Conseillier du Roy nostre Sire, Secretaire de ses Finances, & Commissaire d'icelui Sire en ceste partie : De la partie du Procureur dudit Seigneur en la Ville & Sénéchaucée de Lyon, & de trés-Révérand Pere en Dieu, Monseigneur le Cardinal de Bourbon, Arcevesque dudit Lyon; furent présentées & baillées certaines Lettres Royaulx, & autres du Roy nostredit Sire Daulphin, d'une mesme forme & teneur, sans aucune difference, fors en tiltre & seel; En Nous requerant que voulussions procedder à l'entérinement & éxécucion d'icelles, tout ainsi que par lesdites Lettres estoit mandé & commis. Et pour ce que par icelles Lettres estoit mandé appeller les Parties adverses, & autres, donnasmes & octroyasmes nos Lettres éxécutoires attachées soubs nostre Seel, esdictes Lettres dudit Seigneur Daulphin; pour ce que lesdites Parties adverses desdits Impectrans estoyent demourans ou Daulphiné : Et desquelles Lettres, & éxécutoire d'icelles, la teneur s'ensuit, & est telle.

LOYS, Par la Grace de Dieu, Roy de France, Daulphin de Viennoys, Conte de Valentinoys & de Dyoys. A Nos Amés & Féaulx Conseilliers, Maistre Adam Fumée, Maistre des Requestes ordinaire de nostre Hostel; & Loys Tindo, nostre Senneschal de Thouars, SALUT & dilection. De la partie de nostre trés Chier & Amé Cousin, le Cardinal de Bourbon, Arcevesque de Lyon; & de nostre Procureur, & autres nos Officiers en la Senneschaucée de Lyon, Nous a esté expousé, que icelui nostre Cousin Exposant, tient toute la temporalité de sondit Arceveschié, tant Villes, Chasteaux, Seigneuries, que autres choses quelxconques; & tant deçà les Rivieres du Rosne & de la Soonne, que delà lesdites Rivieres, en fief, ressort & souveraintè, de Nous & de nostre Couronne: entre lesquels Chasteaux & lieux, est le Chastel de Bechevillain, scitué & assis oultre & jouxte ladicte Riviere du Rosne, & prés de ladicte Ville de Lyon; lequel Chastel, & les appartennances, de toute ancienneté, & de tel & si long-temps qu'il n'est mémoire du contraire, a tousjours accoustumé estre tenu soubs le ressort de nostredicte Sennechaucée de Lyon, & delà en nostre Court de Parlement à Paris, sans autre moyen. Et pour ce que nos Officiers du Daulphiné, & ceux des Chastellenies de Saint Saphorin d'Auzon, & de Vaulx, vouldrent piéça prétendre ledit Chastel de Bechevillain estre subgject, en toute justice & juridicion, de nostre Seigneurie du Daulphiné, & s'efforçoyent y faire certains Exploits ; l'Arcevesque, qui lors estoit Prédécesseur de nostredit Cousin Exposant, se trahy par devers nostre Ayeul le feu Roy Charles Sixiéme, que Dieu absoille, dés l'an mil quatre cens huit, & de luy obtint Lettres adreçant au Senneschal de Lyon, par vertu desquelles furent faictes certaines limites. Et depuis, pour certaines differances qui ont été entre les Officiers desdictes Chastellenies dudit Saint Saphorin & de Vaulx, d'une part ; & les Officiers dudit Arcevesque de Lyon, d'autre, pour raison desdictes limites ; fut fait, dés l'an mil quatre cens quarante neuf, certain traicté entre lesdictes Parties, touchant lesdictes limites, par lequel fut accordé que chacun useroit de sa Juridicion à la partie de ses limites ; & en cest estat sont tousjours depuis demourées lesdictes limites & juridicions, jusques à ce que le Vendredy dix-septiéme jour de Décembre dernier passé, entre huit & neuf heures du matin, Jehan de Ville, Jehan Berol, Jehan Bonnet, ung nommé Anthoine, que l'en disoit estre Chastelain dudit lieu de Saint Saphorin ; Benoist Morel *aliàs* Faury, Humbert Bachoud, Guiot de la Roche, & Jehan Bachon, accompagnés de plusieurs autres leurs Adherans & Complices, en grant nombre de gens, tant à pié que à cheval, par conspiracion & entreprinse par eulx faicte, sont venus en armes garnies d'Espées, Voulges, & autres bastons invasibles par mains d'ostilité, sur le Pont du Rosne joignant ladite Ville de Lyon, & ont prins de fait & de force la Porte de la Tour du milieu dudit Pont, qui est sur ladite Riviere du Rosne ; laquelle Riviere sans difficulté Nous appartient, à cause de nostre Couronne & Magesté Royal, par tous les lieux où elle confronte jusques à la Mer. Laquelle Porte est fermant à Pont-levis & à Clef, & en appartient la garde aux Cytoyens de ladicte Ville de Lyon, pour la seurté & tuition d'icelle Ville; & avec leurs Espées nues se saisirent de ladite Porte, deffendans l'entrée d'icelle, à force d'armes, à toutes gens venans de la partie du Daulphiné en ladite Ville. Et en oultre, non contens de ce que dit est, en entreprenant & excedant ou préjudice de Nous, de nostre ressort, Souveraineté & Magesté Royal, vindrent jusques à l'autre Porte de ladicte Ville par deçà ledit Rosne, là où est l'entrée de ladicte Ville, & icelle saisirent de fait, deffendans à force d'armes, & Espées nues, Voulges, & Javelines, l'issuë de ladicte Ville à toutes gens, en jurant, despitant, & malgréant, que si homme s'approchoit d'eulx, qu'ils le mettroyent à mort tout roydde sur les carreaulx. Et cependant lesdits Jehan de Ville, Berol, & autres dessus nommés, firent certains cris, adjournemens personnels, & autres exploits Daulphinaulx, soubs couleur de justice, sur ledit Pont du Rosne, estant de nostre Ressort & Souveraineté, à cause de nostre dicte Couronne, comme dit est; & entre les deux Portes de l'entrée de ladicte Ville, d'entre la partie du Daulphiné en la Justice & Juridicion ordinaire dudit lieu de Bechevillain; combien qu'elle soit ressortissant en nostre Court de Parlement à Paris, comme dessus est dit: Et qui plus est, leverent sur ledit Pont du Rosne, qui sans aucune difficulté est de nostre

ſtre Royaume, Reſſort, & Souveraineté, à cauſe de la Couronne; un gros & hault Baſton, auquel ils apposerent nos Armes Daulphinaulx, eulx efforçans de uſurper & actraire oudit Daulphiné ladicte Juſtice & Juridicion de Bechevillain, & en priver & debouter le Reſſort & Juridicion de noſtre Royaume, Couronne, & Souveraineté. Et ce venu à la congnoiſſance des Prevoſt de Lyon, Chaſtelain dudit lieu de Bechevillain, & du Procureur de noſtredit Couſin Expoſant, ordonné ez Chaſteaux de ſon Arceveſchié, qui lors eſtoyent amprés du Pré dudit Pont du Roſne: Iceux Prevoſt, Chaſtelain, & Procureur, accompagnés d'aucuns des hommes & ſubgjets dud. lieu de Bechevillain, vindrent ſur ledit Pont, & juſques à la Porte de ladicte premiere Tour, devers la partie dudit Daulphiné, laquelle ils trouverent prinſe & occupée par leſdits Jehan de Ville, Guiot de la Roche, & autres leurs Complices, & s'efforcerent paſſer oultre, pour veoir & ſavoir quels exploits avoyent fait ou vouloyent faire les deſſus nommés, & pour les empeſcher, eulx oppoſer ou en appeller. Mais leſdits Jehan de Ville, & Guiot de la Roche tenans en leurs mains, l'un une Eſpée nue, & l'autre une Partiſanne, leur deffendirent par aucun temps, l'entrée de ladicte Ville, en leur préſentant au viſage, renians & deſpitans le Nom de Dieu, que s'ils entroyent dedans ladite Porte, qu'ils les mectroyent à mort; Et tellement que par leur grant cry & tumulte, aucuns des gens de la ruë d'amprés ledit Pont, cuidans qu'il y euſt quelque entreprinſe contre ladicte Ville, furent tous eſmeus, &

allerent audit tumulte. Dont lesdits Jehan de Ville, Guiot de la Roche, & autres leurs Adherans & Complices à ceste cause, s'en fuyrent, & se retrahirent à la part dudit Daulphiné. Soubs couleur desquelles choses, nos Conseilliers & Gens de nostre Parlement de Grenoble, ou autres nos Officiers Daulphinaulx, par la relacion qui leur a esté sur ce faicte par les dessus dits délinquans, ou autrement, contre verité, que les Officiers de nostredit Cousin Exposant, & aultres de ladicte Ville de Lyon & dudit lieu de Bechevillain, avoyent fait rebellion, force, & violence, contre lesdits de Ville, de la Roche, & autres leurs complices; ont fait, par vertu de certaines leurs Lettres, à haulte voix & par cry public, adjourner à comparoir en personne pardevant eulx, lesdits Officiers de nostre dit Cousin Exposant, & autres, tant dudit lieu de Bechevillain, que de ladicte Ville de Lyon, pour répondre à nôtre Procureur Daulphinal: & quelques remonstrances qui leur ayent été faictes touchant les choses dessus dictes, neautmoins ils les ont mys en deffault, & octroyé contre eulx prinse de corps, & mainmise de par eulx ez biens & temporel de nostredit Cousin Exposant, & de sesdits Officiers, & aultres dessus dits, estans de ladite Riviere du Rosne, tendans par leurs entreprinses & vexacions indues & aultres voyes des-raisonnables, soubs-mectre & actraire la Juridicion dudit Chastel de Bechevillain qui est de nostre droit de ressort & souveraineté; & à nous appartenant à cause de nostre Couronne, & le ressort de ladite Juridicion d'icelle en nostre Court de Parlement à

Paris, comme dessus est dit; en nostre dit Parlement de Grenoble, & à nostre Seigneurie du Daulphiné. Et encore depuis, le quinziesme jour de May dernier passé, ledit Chastelain de Saint Saphorin d'Ozon, accompagné d'ung nommé Jorrant Chartrier, Sergent dudit lieu d'Ozon, de Genet Crestin, & Jean Crestin son frere, & de plusieurs autres, jusques au nombre de quarante ou cinquante, tous embastonnés d'Arbalestes, ayans les aucunes, le traict dessus; se transporta au devant de la Croix dudit Pont, joignant la premiere Porte de ladicte Ville de Lyon; & ilec fist publier par ung Clerc, ce que bon lui sembla, en une feuille de papier, & aprés attacha icelle feuille à ladicte Croix; & depuis fist crier à haulte voix par ledit Jorrant, comme Sergent, qu'il adjournoit nostre Procureur audit Lyon, le Courrier dudit lieu, le Procureur de nostre dit Cousin Exposant, Philibert Chappa Notaire, Pierre Midod, & Pierre Chappuis dit Potier, Sergens Royaulx, Habitans dudit Lyon, & plusieurs autres Officiers nommés oudit adjournement, à comparoir en personne à certain jour & compectant, en nostre dit Parlement de Grenoble. Et non content de ce, arracha ledit Chastelain nos Armes & Panonceaux Royaulx, environ ledit Pont, en grant eschaude & lezion de Nous & de nostre Justice, auctorité & Magesté Royal. Et aussi les Gens & Officiers du Seigneur de Myolant, environ les XIX. & XXme. jours dudit moys de May derniers passés, sont venus audit lieu de Bechevillain, & ils ont emmenné avec eulx des Habitans dudit lieu

St Chamont de Myolan

de Bechevillain devers ledit Seigneur de Myolant, qui par ung Clerc de Vienne, les fist lyer & garder en une Estable à Chevaulx toute la nuyt; & le lendemain les relascha environ sept heures, en leur commandant que quand il les manderoit pour menner son charriot, qu'ils y alassent tout incontinent. Lesquelles entreprinses, excez, & violences dessus declarées, ont esté faictes par les dessus dits, en grant surprinse, & irreverance de nos Droits, Prérogatives, & Preéminances de nostre Couronne, Souveraineté, & Magesté Royal; En voulant par tels moyens, usurper & actrayre les limites & subgjects de nostre Juridicion Royal, à nostre Juridicion Dalphinalle. A l'occasion dequoy plusieurs nos Pauvres Subgjects ont été & sont induement oppressés, molestés & travaillés; & pourroyent encores plus estre, ainsi que lesdits Exposans Nous ont fait remonstrer; en Nous humblement requerant, que pour obvier aux voyes de fait, abus & inconveniens qui s'en pourroyent ensuir; il Nous plaise sur ce pourveoir de prompte & convenable provision, & remede de Justice. POURQUOY Nous, ces choses considerées, voulans & desirans obvier à telles entreprinses, & les droitz & limites de nos Pays, Juridicions, & Seigneuries Royalles & Dalphinalles estre entretenues en leur ancien usaige & train; et aussi préserver nos Subgjects d'oppressions & vexacions indeües; Aprés que avons fait mectre la matiere en déliberacion des Gens de nostre Grant-Conseil, & qu'il a esté advisé de briefvement y commettre Gens graves & notables, tant de la part de nostre

Royaume

Royaume que de noſtre dit Pais du Daulphiné, pour y mectre fin & concluſion, & ordonner des limites, & quelx poſſeſſions & uſaiges on y a entretenu d'ancienneté ; & où les choſes dont eſt queſtion & debat, devront & doyvent directement reſſortir. Et que cependant il eſt beſoin & urgente neceſſité de pourveoir aux exploits & execucions indeues qui par ſurprinſes ſe y font chacun jour par voyes de fait, excés & violances : pour éviter aux inconveniens qui s'en pourroyent enſuir. Nous, pour ces cauſes & conſideracions, confians applain de vos prudences, loyaultés, ſuffiſances & bonnes diligences ; par l'advis & déliberacion des Gens de Noſtre dit Grant Conſeil : Vous Mandons & Commectons par ces preſentes, & à chacun de vous ſur ce requis ; que incontinent & ſans delay, vous vous tranſportés ſur les lieux & limites dont eſt debat & queſtion ; & ilec appellez nos Procureurs & Officiers tant de noſtre dicte Senneſchaucée de Lyon que de noſtredit Païs du Dauphiné, tels & en tel nombre que adviſerez ; & auſſy les Officiers de noſtre dit Couſin Expoſant, & autres qui pour ce ſeront appellés : vous informez & enquerez diligemment quelx poſſeſſions & uſaiges on a anciennement accouſtumé de garder & entretenir, touchant le reſſort dudit lieu, Terre & Seigneurie de Bechevillain, & les appartennances. Et où il vous apparra deuement que ledit lieu à accouſtumé de ancienneté avoir ſon reſſort, faites le y reſſortir par proviſion, pendant le debat & queſtion ; & cependant ſourçoyez & faictes ſourçoyer toutes entreprinſes, exploits & excecucions, & lesquelles nous avons seurceyses & seurceyons, & voulons être tenues en suspens & seurseyance, par ces presentes, tant d'une part que d'autre; en interdisant & deffendant de par Nous à nosdits Officiers d'un cousté & d'autre, & aussi ausdictes parties & à tous autres qu'il appartiendra, sur grosses peines a Nous applicquées, que ils ne usent plus de telles entreprinses & violentes execucions, & ne proceddent par voye de fait, les ungs contre les autres: & lesquelx, quant à ce, nous avons prins & mys, prennons & mectons, par cesdites presentes, en & soubs nostre protection & sauve-garde especial; & les personnes & biens que trouverés à l'occasion dessus dite, prins, saisis, arrestés, ou empeschés; mettés & faictes mectre incontinent & sans delay à pleine & entiere delivrance, en contreignant à ce tous ceulx qu'il appartiendra, par prinse de corps & de biens, nonobstant opposicions & appellacions quelxconques: le tout par maniere de provision, & jusques à ce que par Nous, ou les Gens qui par Nous à ce seront commis, autrement en soit ordonné. Et neantmoins informez-vous deuement de & sur lesdits excez, voyes, & violances dessus dittes, les circonstances & deppendances; & l'informacion que sur ce aurez faicte, renvoyés par devers Nous, ou lesdites gens qui à ce seront par Nous commis, pour en être fait & ordonné, & des delinquans punicion ainsi que au cas appartiendra: car ainsi nous plaist il estre fait: de ce faire, à vous, & à chacun de vous, donnons pouvoir, aucthorité, commission & mandement especial. Mandons & Commandons à tous nos Justiciers, Officiers, & subgjects', que à l'éxcécucion de ces presentes obeïssent & entendent diligemmment. Donné à Nemoux, le cinquiéme jour de Juin, l'an de Grace mil quatre cent soixante dix neuf, & de nostre Regne le dixhuitiesme. Ainsi signé, par le Roy Daulphin, à la relacion des Gens de son Grant Conseil. F. Texier. Et sont scellées en cyre rouge. LOYS TINDO, Licentié en Loix, Conseillier du Roy nostre Sire, Secretaire de ses Finances, Senneschal de Thouars, & Commissaire dudit Sire en cette partie. Au premier Sergent Royal, ou Daulphinal sur ce requis, Salut. Comme naguieres de la partie de trés-Reverand Pere en Dieu Monseigneur le Cardinal de Bourbon, Arcevesque de Lyon, & du Procureur du Roy nostre dit Seigneur à Lyon, les Lettres ausquelles ces presentes sont attachées sous nostre Scel, eussent été presentées & baillées à Maistre Adam Fumée, Conseillier & Maistre des Requestes ordinaire dudit Seigneur, aussi Commissaire nommé esdites Lettres, & à Nous, ausquelles à la Requeste des dessus dits, eussions octroyé excecutoire desdites Lettres du Roy nostre dit Sire, par vertu desquelles Lettres, & excecutoire d'icelles, les adjournemens declairés esdites Lettres excecutoires, furent baillez à comparoir pardevant Nous, au quinziesme jour d'Aoust dernier passé; auquel jour pour aucuns grants affaires, en quoy estoyons lors occupés pour les faits & affaires du Roy nostre dit Sire, ne nous fut possible trouver au lieu où lesdits adjournemens avoyent été baillés. Mes à certain brief jour ensuyvant, Nous transportasmes audit lieu de Lyon, deliberez de besoigner au fait de ladicte Commission & excecucion desdites Lettres : & pour ce que trouvasmes que audit quinziesme jour d'Aoust, les parties adjournées s'étoyent presentées, parquoy estoit besoing les faire derechief adjourner à certain autre jour ensuyvant, ne peusmes pour lors besoigner à l'excecucion desdites Lettres. Pour ce est-il, que par vertu du pouvoir à Nous donné : & comme par lesdites Lettres vous Mandons, & à chacun de vous sur ce premier requis, que derechief vous adjournez à estre & comparoir par devant Nous au lieu de la Guillotiere, en la maison de Jehan Charles, devant la Croix, à l'Enseigne de l'Escu de France, au dernier jour de ce present moys d'Aoust ; le Procureur & autres Officiers du Roy nostre Sire, audit lieu de Lyon ; le Procureur general du Roy nostre dit Sire Daulphin, ou païs du Daulphiné ; les Chastelains, Procureurs, & autres Officiers des Juridicions & Chastellenies de Saint Saphorin d'Auzon & de Vaulx ; les Procureurs & Officiers de mon dit Seigneur l'Arcevesque de Lyon ; & aultres dont serez requis ; & lesquels par l'exhibicion de ces presentes, Nous adjournons, & voulons être adjournez, pour veoir par Nous procedder à l'enterinement & excecucion desdites Lettres, tout ainsi que par icelles nous est mandé & commis de ce faire. Vous donnons povoir aucthorité & mandement especial. Mandons à tous les Justiciers, Officiers, & subgjects du Roy nostre dit Sire, tant dudit Lyonnoys que du Dauphiné ; que à vous, en ce faisant & excecutant executant, le contenu de ces dites présentes, soyt obey, prestent & donnent conseil, confort, & aide, si mestier est, & par vous requis en sont, en nous faisant de vos exploits suffisante relacion. Donné à Lyon soubs nos Seing & Scel, le vingt-troisiesme jour d'Aoust, l'an mil quatre cent soixante dix-neuf. Ainsi Signé L. Tindo. PAR vertu & auctorité desquelles Lettres Dalphinalles, & excécutoire d'icelles, Guilhaume Portier Sergent du Roy nostre dit Sire, en ladite Senneschaucée de Lyon, le Jeudy vingt-sixiéme jour dudit moys d'Aoust, se transporta en la Ville & Cité de Grenoble, & en une des Chambres du Palays dudit lieu, en la presence de Messieurs les President, aucuns des Conseilliers, & autres Officiers du Parlement dudit lieu; adjourna en sa personne Maistre Estienne de Beaupont, Procureur General & Fiscal du Roi nostre dit Sire Daulphin ou pays de Daulphiné, à estre & comparoir par devant Nous au lieu du la Guillotiere, en la Maison de Jehan Charles, devant la Croix, à l'Enseigne de l'Escu de France, au dernier jour dudit moys d'Aoust ensuyvant; lequel de Beaupont, & pareillement mon dit Sieur le President firent responce audit Sergent que trés voluntiers ils obeiroyent à l'assignacion. Et pareillement ledit Sergent adjourna Messire Claude Pasquet, Docteur en Loix, Procureur dudit Seigneur en Lyonnoys; Berthelemy Bellievre Procureur General de mon dit Seigneur l'Arcevesque de Lyon; Messire Guillaume Billon, Juge ordinaire de la Terre & Seigneurie de Bechevillain, pour mon dit Seigneur l'Arcevesque;

Bellievre famille lionoise

Philibert Chappa, Procureur dudit lieu de Bechevillain, & autres Chasteaux dudit Arcevesque; Antoine Goulart, Chastelain de Saint Saphorin d'Auzon & de Vaulx; & Jehan Berolle, Lieutenant du Juge ordinaire desdits lieux de Saint Saphorin d'Auzon & de Vaulx; & Jehan Bonnet, comme Procureur dudit lieu: à estre & comparoir par devant Nous, audit dernier jour d'Aoust, pour venir veoir par Nous procedder à l'excecucion & enterinement desdittes Lettres, tout ainsi que par icelles Nous étoit mandé & commis; ainsi que desdits adjournemens & exploits, ledit Sergent nous fist depuis de vive voix deue relacion. Et ledit dernier jour dudit moys d'Aoust, Nous transportasmes audit lieu de la Guillotiere, en la maison dudit Jehan Charles, à l'enseigne de l'Escu de France; & ilec environ deux heures aprés midy, se comparurent & presenterent par devant Nous: c'est assavoir lesdits Pasquet, comme Procureur du Roy nostre dit Sire à Lyon; Berthelemy Bellievre Procureur general de mon dit Seigneur l'Arcevesque de Lyon; Messire Guillaume Billo, Juge ordinaire dudit lieu de Bechevillain; Philibert Chappa Procureur dudit lieu, en leurs personnes d'une part: & Jehan Brunet, comme Procureur de Saint Saphorin d'Auzon & de Vaulx, tant pour luy oudit Nom, que pour les autres Officiers dudit lieu, & aussi comme Substitut dudit Procureur general & fiscal ou Daulphiné; ainsi qu'il apparroissoit plus applain par certain Acte ou instrument escript en papier; & ledit Berolle Lieutenant ou commis du Juge ordinaire dudit lieu de Saint Saphorin d'Auzon, aussi en leurs personnes d'autre part : Et duquel Instrument ou Substitucion, qu'il à mis pardevers Nous, la Teneur s'ensuit. *ANNO DOMINI millesimo quatercentesimo septuagesimo nono, & die decimâ terciâ mensis Augusti : nobilis & egregius vir Dominus Stephanus de Bello Ponte, utroque jure licenciatus, Procurator generalis fiscalis Dalph. dicens se non posse in hac parte vacare, aliis arduis Dalphinalibus negociis prepeditus, loco sui substituit egregium virum Dominum Guillermum Gantereti, legum Doctorem, vice-Baillivum ; Magistrum Benedictum Morelli, vice-Procuratorem fiscalem curie majoris viennensis, & Terreturris ; Magistrum Johannem Beroli, Notarium Sancti Simphoriani Auzonis ; Magistrum Johannem Bonneti, Procuratorem Domini dicti loci Sancti Simphoriani ; & Magistrum Johannem Rozeti, Notarios ipsorumque quemlibet insolidum ad comparendum in loco de la Guillotiera, coram spectabilibus & egregiis Dominis Adam Fumée, & Ludovico Tindo, assumptis Commissariis Regiis, si ipsos contingat ; & ibidem in ipsorum presencia vel absencia, nomine Dalph. pro juribus et interesse Dalph. exhibendum quemdam cedulam, appelladumque & provocandum, & aliàs agendum, faciendum, protestandum, & requirendum, prout in eadem cedula continetur : Dando eisdem substitutis suis, Dominus Procurator fiscalis generalis Dalph. predictus, licet absentibus, tanquam presentibus, & ipso-*

rum cuilibet insolidum, plenam, generalem, et omnimodam facultatem, specialeque et generale mandatum premissa agendi et exercendi, dumtaxat nomine ac pro juribus et interesse Dalphinatus, cum promissionibus et clausulis opportunis. De quibus premissis prefatus Dominus Procurator fiscalis sibi fieri peciit et requisiit litteram, sine instrumentum publicum, ad opus dictorum suorum substitutorum, et cujuslibet ipsorum. Actum Gratianop. In camera stricti consilij Dalph. presentibus ibidem Magistris Noe Materonis, et Symondo Millieti, Notariis et Secretariis Dalphinalibus, testibus ad premissa vocatis, et me Notario et Secretario Dalphinali Subsignato. Ainsi signé : *Lagniaci.* Amprés laquelle comparucion & presentacion, lesdits Procureur du Roy, & Officiers de mon dit Sr le Cardinal Arcevesque dudit Lyon, parlant par la bouche dudit Pasquet, Procureur du Roy nostre dit Sire; firent applain proposer du contenu esdites Lettres par eulx obtenues, en allegant plusieurs droits, prérogatives, preheminances, tiltres, moyens, usances, & longues observances, dont ils disoyent le Roy nôtre dit Sire, & mon dit Seigneur l'Arcevesque, & leurs predecesseurs avoir de tout temps joy & usé en ladite Terre & Chastellenie de Bechevillain; & mesmement le Roy nostre dit Sire, à cause de sa Couronne, de droit de Souveraineté; & aussi declairant plusieurs troubles, excez, violences, & empeschemens faits par lesdictes parties adverses indeüement, sans cause,

cause, à port d'armes & autrement, ou préjudice de leurs droits, & à la grant foule, oppression & dommaige des pauvres Habitans dudit lieu ; & dont mencion estoit faicte par lesdictes Lettres. En nous requerant que voulussons procedder à l'enterinement & excecucion d'icelles, tout ainsi que par icelles nous estoit mandé & commis : offrant informer du contenu esdites Lettres, & ce fait par ledit Bonnet esdits noms, & Berolle ; fut dit par la bouche dudit Bonnet, qu'il n'avoit aucune charge de ses Maistres de dire ou alleguer aucune chose de bouche pour empescher l'enterinement & excecucion desdites Lettres, fors seullement certaines choses contenues & escriptes en ung feuillet de papier, qu'il tenoit en ses mains ; mais que neantmoins il vouloit respondre ; & de fait feist certaine responce aux excez, voyes de faict, & autres forces & violences alleguées par lesdits Impectrans. Et pour empescher l'enterinement & excecucion desdites Lettres, employa ce qui estoit escript oudit feüillet de papier ; disant que, afin que ne proceddassons plus avant à l'execucion & enterinement d'icelles Lettres, il appelloit de Nous. Et de fait en appella, ainsi que de ce il disoit avoir charge, & tout ainsi que par le feüillet de papier, qu'il mist par devers Nous, est plus applain contenu, dont la tenneur s'ensuit. *Ad hanc diem ultimam mensis hujus Augusti, instantibus Reverendissimo in Christo Patre, Domino Cardinali de Borbono, Archiepiscopo Lugdunensi ; ac Procuratore fiscali Senescalie Lugdunen. Ex-parte regia constituto ; coram vobis spectabilibus &*

egregio Domino Ludovico Tindo asserto Commissario regio, citati fuerunt Dominus Procurator fiscalis generalis Dalph. nec non castellanus Sancti Simphoriani Auzonis, & Vallium, comparituri apud locum de Bechevillain, in loco de la Guillotiera, in Domo Johannis Karoli, hospitis insignis sanctæ crucis; visuri per vos quasdam pretensas sumi informaciones, ad quas sumendas vos procedere profitemini, ex quodam asserto rescripto, regio et Dalphinali, vobis super ressortu et superioritate dicti castri de Bechevillain, cum pertinenciis et dependenciis ejusdem, ut asseritis directò; et illis sumptis, ad ulteriora processuri, juxta vobis commissa, prout & quemadmodum vestre asserte commissionis et litterarum citatoriarum copia dignoscitur continere; ad quam citra earum approbationem habeatur relacio. Verùm quia de materia, de qua in asserto rescripto regio fit mencio, pendet lis indecisa in venerabili curia Parlamenti Dalph. inter ipsos impectrantes, et dictos citatos nomine Dalph. diùque fuit in ipsa curiâ ventilata; cujus litipidenciam tacuerunt ipsi impectrantes in eorum asserto rescripto, ob quod meritò, juxta juris dispositionem, in C. Inter Monasterium. De re Judic.[a] Et in Aut. Qui semel. C. Quo. & qu. Jud.[b] et in c. In litteris. De dolo & contuma.[c] Amplissimè et diffusè trutinatam; rescriptum ipsum dici potest invalidum & nullius efficacie vel momenti; nec ex illo vobis Domino Commissario asserto, aliqua fuit quesita

[a] Cap. 20 inter Monasterium. Extr. de Sententiis & re judicata.

[b] Authent. qui semel. post. l. 8. Cod. Quomodo & quando judex Sent. prof. debeat.

[c] Cap. 2. Ex literis. Extr. de Dolo & cõtumacia.

nec queri potest jurisdicio: cum illud tale assertum rescriptum fuerit et sit subreticium et obreticium; tacito de hiis, que si expressa fuissent, nullathenus serenissimus Princeps Dominus noster Rex Dalph. illud concessisset: quia tam in narracione, quam in disposicione ipsum rescriptum deviat à veritate, cum benigna supportacione & reverencia Dominorum impectrancium loquendo: meritò, ut inquiunt jura vulgatissima, in l. 2 C. si contra jus, vel utilit. publ. Et Glo. in c. super literis. De rescrip. Pro quibus allegatur bonus text. secundum ja. de are. in l. si servus legatus.[d] *§. Si servus alienus. ff. de Leg. p°. Dictum rescriptum viribus debet carere, tum etiam quia vos ipse, egregie Domine Ludovice, solus et insolidum procedere intenditis, licet sit vobis datus Collega: quod tamen facere non potestis, nec debetis; nec hoc caret suspicione: honore vestro semper salvo; attentâ materiâ, de qua agitur: & eciam qui a ambo incepistis procedere: ut constat excecucionibus aliâs per vos ambos factis. Igitur attentis premissis subrecionibus, & obrecionibus & aliis supra deductis, ex ipso rescripto apparentibus & évidenter resultantibus; dictus Dominus Procurator fiscalis Generalis Dalph. seu ejus legitimus substitutus, per modum existencie coram vobis assertis Dominis Commissariis, dicit citrà omnem consensum indebitum, & jurisdicionis prorogacionem, protestandoque, per aliqua que dicat aut faciat, non intendit nomine*

[d] L. 108. §. 9. ff. de Legat. 1.

Dalph. in hac causa, in vos, tanquam judicem competentem, conscentire, actu etiam contrario interveniente, prout non conscentiit aliorum examinacioni testium, nec informacionum per vos, ut asseritur, receptioni faciende, nec alicui actu in hac materia, juridicionem Dalphinalem, aut materiam, de qua narrat rescriptum concernentem. Ad quos actus, sive examinacionem, aut informacionem, receptionem proceddere non potestis nec debetis; & in casum, in quem ad aliquem actum juridicionem Dalphinalem; aut materiam, de qua narrat rescriptum, procederetis, sumendo informaciones, Testes examinando, aut alium actum juridicionis faciendo, procederetis, que ex causis premissis, nullo modo vobis competit: quod tamen vos facturos non creditur. Eo casu ex nunc prout ex tunc, & è contra protestatur contra vos, de vos capiendo in partem formatam, & de agendo contra vos. Et nichillominus ab omnibus expletis vestris jam factis, & ab aliis omnibus gravaminibus inferendis per vos à quacumque parte procedent, tam nomine suo, quàm dictorum Castellanorum citatorum, provocat & appellat ad Serenissimum Regem Dalphinum Dominum nostrum, Dominum gubernatorem Dalph. ac venerabilem curiam Parlamenti; & ad illum & ad illos, ad quem & ad quos presens devolvitur appellacio; petens Apostolos & literas dimissorias, semel, bis, ter, quater, & cum tantâ, quantâ

quantâ poteſt , inſtanciâ ; aſtantes pro teſtibus invocando , petens ectiam per te Notarium hic preſentem , ſibi de premiſſis , & quolibet ipſorum , acta fieri. En nous requerant ledit Bonnet , que lui fiſſions reſponſe ſi differerions ou non , pour ſadicte appellacion : requerant en oultre , de ſadicte appellacion , & autres choſes deſſus dictes , à ung nommé Lagniaci, ſoy diſant Notaire ou Tabelion Dalphinal ilec preſent, & qu'il avoit ameiné avec lui, acte ou inſtrument , lequel incontinent luy octroya ; & auquel Notaire , ou Tabelion, pour ce qu'il ſe monſtroit aucunement favorable, & que de lui n'avions congnoiſſance, & qu'il euſt peu avoir fait aucun acte different à cettuy noſtre preſent procez verbal ; feiſmes deffences de par le Roy noſtre dit Sire,& à tous autres Notaires ou Tabelions ilec preſens,& à peine de mille marcs d'argent à applicquer audit Seigneur,qu'ils n'euſſent à bailler aucuns Actes ou Inſtrumens, à l'une ne à l'autre des parties, des choſes touchans & regardans le fait de noſtre dite commiſſion,qu'ils ne l'euſſent premier monſtré & exibé ; & que ſur le tout ferions noſtre procez verbal , & le communicquerions aux parties, & à chacune d'icelles, & leur en baillerions ung ou pluſieurs corps & tant que meſtier leur en ſeroit Et aprés par leſdits Procureur du Roy, & Gens & Officiers de mondit Seigneur le Cardinal de Bourbon , fut dit que ne devyons ſuperceder pour ladite appellacion : meſmement que par leſdictes Lettres eſtoit mandé de procedder à l'excecucion d'icelles , nonobſtant oppoſicion ou appellacion ; en nous requerant que, en enſuyvant le contenu deſdites Lettres, vouluſſons procedder à l'enterinement & excecucion d'icelles, tout ainſi que par icelles étoit mandé. Et amprés ce, nous feiſmes lyre illec en la preſence deſdites parties, leſdites Lettres Dalphinalles, deſquelles à chacune deſdictes parties diſcernaſmes copie, ſi avoyr la vouloyent ; & en tout evenement, feiſmes offre auſdictes parties, prendre Adjoinct, ſi elles le requeroyent ; jaçoit & qu'il ne fuſt pas mandé par leſdittes Lettres, leſquelles Lettres par Nous applain veües & viſitées & conſiderées les cauſes de l'octroy d'icelles, qui ſont en effect pour obvier aux entreprinſes, excés, forces, & violences que leſdites Parties pourroyent faire l'une à l'encontre de l'autre ; & aux inconveniens qui s'en pourroyent enſuir. Conſideré auſſi que l'excecucion deſdites Lettres n'eſtoit & n'eſt deciſoire du debat des parties ; mes eſt ſeullement une proviſion pendant leſdits debat & queſtion des parties : Nous appointaſmes & ordonnaſmes, que leſdits Procureur du Roy, & Gens & Officiers de mondit Seigneur l'Arceveſque de Lyon, mectroyent plus applain par eſcriſt par articles, les choſes par eulx alleguées & propoſées, & qu'ils entendoyent monſtrer & prouver en ceſte partie. Et ainſi leſdits Procureur du Roy Daulphin ou Daulphiné, & autres parties adverſes dedits Impectrans, ſi faire le vouloyent, & iceulx aporteroyent par devers Nous audit lieu de la Guillotiere, en la maiſon dudit Charles, au Jeudy enſuyvant, ſecond jour du moys de Septembre, à heure de huit heures devers le matin ; auquel jour & heure, pour ce faire, & aussi pour faire response à laditte appellacion, assignasmes jour ausdittes parties, & neantmoins en la presence desdites parties, & chacune d'icelles, & noms, personnes & qualitez que dessus, en ensuivant le contenu esdites Lettres, sourçoyasmes & tinsmes en suspens & seurceyance, toutes entreprinses, exploits & excecucions que lesdittes parties pourroyent faire l'une à l'encontre de l'autre, & lesquelles le Roy nostre dit Sire, par sesdittes Lettres avoit surçoyées, & voulu estre tenues en suspens & seurceyance, tant d'une part qne d'autre : en interdisant & deffendant de par le Roy nostre dit Sire, à la peine de dix mille marcs d'argent à appliquer au Roy nostre dit Sire ; ausdites parties, & chacune d'elles, és noms & personnes que dessus, & à tous aultres qu'il appartiendroit qu'ils ne usassent plus de telles entreprinses, violances & excecuions, & ne proceddassent par voye de fait, les ungs contre les autres ; & lesquelx, quant à ce, le Roy nostre dit Sire avoit prins & mis par sesdittes Lettres, en & soubs sa protection & sauvegarde especial : en offrant ausdites parties, & chacune d'elles, que là où elles Nous informeroyent, que par telles entreprinses, & autres voyes dessus dittes, leurs personnes, ou aucuns de leurs biens auroyent été saisis, ou empeschez par leurs parties adverses ; de les leur mettre tantost & sans délay, à pleine & entiere delivrance ; nonobstant opposicions & appellacions quelxconques : & le tout par maniere de provision, jusques à ce que par le Roy nostre dit Sire, ou les

Gens qui par luy ſeroyent à ce Commis, en fuſt ordonné ; & tout ainſi que eſdites Lettres eſtoit plus applain contenu, & que par icelles nous eſtoit mandé & commis. Lequel Bonnet, eſdits Noms, diſt qu'il ne conſcentoit en rien leſdites deffences. Et le Jeudy enſuyvant, second jour dudit moys de Septembre, nous tranſportaſmes derechief audit lieu de la Guillotiere, en la maiſon dudit Charles, à l'Eſcu de France, & ilec attendiſmes depuis heure de huit heures devers le matin, juſques à dix heures ; à laquelle heure ſe comparurent pardevant Nous, ledit Procureur du Roy à Lyon ; leſdits Bellievre & Chappart, Procureurs de mon dit Seigneur le Cardinal de Bourbon, Arceveſque dudit Lyon ; & Meſſire Guilhaume Billon, Juge ordinaire dudit lieu de Bechevillain, tous en leurs perſonnes, d'une part ; & ledit Bonnet, comme Procureur dudit Saint Saphorin d'Auzon & de Vaulx ; tant pour luy que pour les aultres Officiers dudit lieu, & comme Subſtitut dudit Procureur general ou Daulphiné, auſſi en ſa perſonne d'autre part. Amprés que de la partie dudit Procureur du Roy, & des Gens & Officiers de mon dit Seigneur le Cardinal, furent preſentez & baillez par devers Nous, certains articles, qu'ils diſoyent contenir l'effect desdites Lettres Royaulx, & Dalphinaulx, qu'ils entendoyent monſtrer & prouver, tant par Teſmoings, que par Chartres, Lettres, Actes, Tiltres, Inſtrumens, & aultres enſeignemens ; en Nous requerant que leur vouluſſons aſſigner jour & heure, pour admenner leurs Teſmoings ſur ce pour iceulx produire, & par Nous eſtre

eſtre receus, faiz jurer, & examinez ſur leſdits faiz & articles : diſans avec ce, que pour monſtrer partie de leurs dits faiz, ils avoyent entencion produire pluſieurs Vidimus & Copies deſdites Chartres, Lettres, Actes, Tiltres, Inſtrumens, & autres Enſeignemens, dont ils ne pouvoyent produire les Originaulx : obſtant ce qu'ils eſtoyent en treſor en l'Egliſe Sainct Jehan de Lyon, & ailleurs ; & touchoyent pluſieurs autres parties. Et pour ce qu'ils doubtent que ne vouluſſons adjouſter foy auſdits Vidimus ou Copies, ſans veoir les Originaulx, Nous requirent pareillement, que Nous vouluſſons tranſporter en ladite Egliſe Saint Jehan, & ailleurs, pour faire collacion deſdites Copies ou Vidimus, eſdits Originaulx, dont ils ſe peuſſent aider en ceſte matiere ; & pour ce faire, leur aſſigner jour, & auſſi à leurſdites Parties adverſes, intimacion, ainſi que en tel cas eſtoit accouſtumé. Et amprés ce que euſmes interrogé ledit Bonnet, eſdits Noms, s'il entendoit aucune choſe produire en ceſte matiere ? lequel fiſt reſponſe que non ; & qu'il eſtoit appellant ; requerant que vouluſſons faire reſponce ſi differerions pour ſon appel, a proceder, ou non. Auquel feiſmes reſponſe, que ſelon raiſon, aucun ne povoit, autmoins ne devoit licitement apeller, que premier ne luy euſt eſté fait aucun tort ou grief. Ores eſtoit-il que à l'heure de ſon dit appel en ceſte matiere, n'avoit encores eſté par Nous aucunement proceddé, ne fait ou donné aucun appointement, ne n'avions entencion faire aucun tort ou grief aux Parties. Parquoi il ne povoit, autmoins ne devoit apeller de Nous. Et en tant que touchoit les causes de sondit appel, declarées par l'acte ou feuillet de papier, dessus incorporé, contenant les causes de sadicte appellacion, il devoit dire & alleguer lesdittes causes par devant nous, & sur ce eussions oy les parties, & fait préalablement raison. Mes desdittes causes il ne nous avoit riens fait apparoir; & mesmement de la litipendance dont oudit feuillet de papier estoit faicte mencion, ne aussi de la surrepcion & obrection dedites Lettres; mes avoit apellé, sans alleguer lesdites causes, & les avoit seullement baillées par escript, aprés son appel fait par ledit feuillet de papier: & ainsi apparoissoit bien sondit appel non estre recevable. Et au regard de ce qu'il vouloit dire par ledit appel, que ne devyons proceder seul en ceste matiere, & qu'il y avoit autre Commissaire avec Nous: vray estoit que lesdites Lettres s'adroissoyent à autre Commissaire, & aussi à Nous, & à chacun de Nous; & par ce, chacun des Commissaires nommez en ladicte Commission, y povoit seul, en absence de l'autre, besoigner & procedder à l'excecucion desdittes Lettres. Mais encore, pour satisfaire à ce, avions offert aux parties prandre Adjoint, si elles le requeroyent, & dont lesdites parties n'avoyent riens fait, & ne servoit de riens, si l'excecucion desdites Lettres avoit esté commencée par les deux Commissaires. Car posé qu'elle eust esté commencée par les deux, elle * pourroit estre parachevée par l'un; & aussi jamés les deux Commissaires ensemble n'avoyent proceddé aucunement à laditte excecucion.

* *Dans l'original il y a*, estre pourroit estre.

Més povoit estre, que par vertu de leurs Lettres, excecutoires desdites Lettres, avoit été donné certain adjournement; & pour ce que au jour iceulx Commissaires n'avoyent peu eulx trouver, pour les affaires du Roy, en quoi ils estoyent lors occupez, n'avoit esté aucunement proceddé. Et ainsi à impugner que ne peussons seul besoigner à l'excecucion desdites Lettres, apparoissoit bien cleirement que lesdits Appellans ne faisoyent à recevoir. Et par ce, veües ces causes & moyens, nostre entencion n'estoit point de differer pour ladite appellacion; mais avions entencion de procedder, nonobstant ladite appellacion, à l'excecucion desdites Lettres, s'il nous apparoissoit du contenu, mesmement que par icelles estoit mandé procedder, nonobstant opposicions ou appellacions. Lequel Bonnet esdits Noms, fist ses protestacions, telles que contenues estoyent par ledit feuillet de papier dessus incorporé; en requerant acte desdites choses, à ung Quidem ilec present, qu'il disoit estre Notaire Dalphinal, auquel feismes deffenses & à tous autres Notaires & Tabellions, illec presens, de non bailler aucuns actes touchans nostredicte Commission, & les dependances, que premier ne les eussent communiqué avec Nous pour les conformer à cest nostre present Procez verbal. Ce fait, audit Procureur du Roy, & es Gens & Officiers de mon dit Seigneur le Cardinal, assignasmes jour & heure pour admenner tous & chacuns les Tesmoings qu'ilz vouloient produire, & faire examiner sur le contenu en leurs dits articles; & à leurs parties adverses, en personne dudit Bonnet, esdits Noms, pour les veoir jurer & recevoir; si estre y vouloyent, au Samedy ensuyvant, quart jour dudit moys de Septembre, audit lieu de la Guillotiere en l'Hostel dudit Charles, à huit heures devers le matin: & à tous les aultres jours, lieux, & heures ensuyvans, que procedderions à l'éxcecucion & enterinement desdictes Lettres, recepcion & éxamen desdits Témoings. Et ou seurplus, pour veoir par nous faire collacion desdicties copies, ou Vidimus desdites Chartres, Lettres, Actes, Instrumens, & autres enseignemens, assignasmes jour ausdites Parties, audit jour de Samedy ensuyvant, quart jour dudit moys de Septembre, deux heures aprés midi, à comparoir par devant l'Eglise Cathedrale Saint Jehan dudit Lyon, & autres jours, lieux, & heures que procederions à faire collacion desdits Vidimus, ou Copies; & intimacion, que y fussent ou non, nous procedderions à ladite collacion en absence comme en presence; & ou seurplus, ainsi que de raison. Et le Samedy ensuyvant, quart jour dudit moys de Septembre, environ huit heures devers le matin, Nous transportasmes audit lieu de la Guillotiere, en l'ostel dudit Jehan Charles, & enseigne de l'Escu de France; & ilec lesdits Procureurs du Roy, & lesdits Bellievre & Chappart, Procureurs de mondit Seigneur le Cardinal, nous produisirent à Tesmoings, en absence dudit Procureur general du Dauphiné, & autres leurs Parties adverses qui y avoyent assignacion, en personne dudit Bonnet, comme dit est: c'est assavoir, Maistre Pierre Fournier licencié en Loix; Messire

ſire Jehan Alpin, Alias Coque Preſtre; Guilhaume Alaginete, Notaire Royal; Jehan Roüille; Jehan Gay; Pierre Nyer Thienen Tanconier; Jehan Charles; Françoys Bonnier; Jehan Duboys; Pierre Mydod, Sergent Royal; Pierre Doytu; Jehan Baliſſon; Jehan Noyton Notaire, & Jehan Chaſtillon : leſquels Teſmoings, & chacun d'eulx, avoyent à ce adjournement & aſſignacion à eulx baillées par ledit Guilhaume Portier, Sergent Royal; en enſuyvant le commandement que ſur ce luy avions fait de vive-voix, ainſi qu'il nous fiſt deüe relacion. Et leſquelx, & chacun d'eulx nous receuſmes & feiſmes jurer de dire & depposer bien & loyamment verité, ſur ce qu'ils étoyent produits, & qu'ils ſeroyent par nous interrogez & examinez ainſi qu'il eſtoit accouſtumé faire en tel cas. Et celui même jour de Samedy, environ deux heures aprés midy, nous tranſportaſmes par devant l'Egliſe Saint Jehan de Lyon, ou leſdites parties avoyent aſſignacion pour veoir collacioner leſdictes copies aux originaulx; auquel lieu ne trouvaſmes fors ledit Procureur du Roy, & les Gens, Procureurs & Officiers de mondit Seigneur le Cardinal; à la requeſte deſquelx Procureurs du Roy, & de mondit Seigneur le Cardinal, Nous tranſportaſmes ou Chapitre de ladite Egliſe, où eſtoyent les Chartres & Previleiges d'icelle; & ilec nous preſenterent pluſieurs Lettres & Chartres, en Nous requerant que d'icelles feiſſons collacion avec certaines copies que auſſi ils nous baillerent & preſenterent, & qu'ils avoyent fait faire & extraire deſdites Chartres, Lettres & Previleiges. Et ilec en abſence

H

desdits Procureur general du Daulphiné, & autres dessusdits qui avoyent assignacion o intimacion, comme dit est, feismes colacion de certaines copies aux originaulx ; ainsi que par la colacion escripte à la fin desdittes copies povoit plus amplement apparoir. Et le Lundy ensuyvant sixiéme jour dudit moys de Septembre, Nous transportasmes derechief audit lieu de la Guillotiere, en l'Ostel de l'Escu de France, auquel lieu lesdits Procureur du Roy, & de mondit Seigneur le Cardinal de Bourbon Arcevesque de Lyon, en absence desdits Procureur general du Daulphiné, & des Officiers de Sainct Saphorin d'Auzon & de Vaulx, ayans à ce, jour & assignacion en la forme dessus ditte, Nous produisirent à Tesmoings Messire Jehan Palmier, Chanoyne de Sainct Paoul de Lyon ; Jehan de Bruyeres, Changeur ; Claude Bessonnat, Notaire Royal ; Martin Jomart ; Jehan Jomart son fils ; Thibaut Tonnat ; Jehan Tonnat son fils ; Guyot Chaneyn de Lyon ; Pierre Gay, *Aliàs* Bictet ; & Guihaume Bergeron, Bastier. Et le XI. jour dudit moys de Septembre ensuyvant en la Ville de Lyon, par lesdits Procureurs du Roy, & de mondit Seigneur le Cardinal, nous furent produits, en l'absence & tout ainsi que dessus, Jehan Carrel, *Aliàs* le Paintre ; François Raffolle, André Girault, & Pierre Clerc Sergent Royal ; lesquels Tesmoings & chacun d'eulx, nous receusmes, & feismes jurer de dire & deppouser bien & loyamment verité, sur ce qu'ils seroyent enquis & interrogés, ainsi que en tel cas estoit accoustumé. Et depuis procedasmes à l'examen desdits Tesmoings, & leurs dires & depposicions feismes mectre & reddiger par escript, par Loys Claveau, Clerc Notaire Royal, que à ce faire, & à tout le contenu en ces presentes, à esté present, & par Nous apellé, les jours, & tout ainsi que par l'examen ou enqueste par Nous faicte, est applain contenu. Et avec ce avons proceddé au fait de certaines informacions secrettes, de, & sur les excés, voyes de fait, port d'armes, forces, violences, & autres délitz, dont esdictes Lettres est applain faicte mencion, & ainsi que par icelles estoit mandé; & en icelles informacions examiné certain grant nombre de Tesmoings, comme par icelles peut apparoir : pour ladicte informacion portée ou renvoyée par devers le Roy nostredit Sire, ou les gens qui à ce, sont par luy commis, pour en estre fait & ordonné, & des delinquans punicion, ainsi que au cas appartiendra. Et en oultre, plusieurs autres jours ensuyvans procedasmes à la collacion des doubles, ou copies de plusieurs Lettres, Chartres, Tiltres, & autres enseignemens, aux originaulx d'iceulx, à Nous presentez de la partie desdits Impectrans, dont ils s'entendoyent aider en laditte matiere, en absence de partie adverse, ayant à ce assignacion en la forme dessusditte : ainsi que par la collacion escripte à la fin d'iceulx Vidimus, ou Copies, & Signature de nostre main, peut plus applain apparoir. Lesquelx doubles ou copies, ainsi collacionnés, avec plusieurs aultres Pieces, Lettres, Mandemens, Exploits, & aultres Tiltres & Enseignemens, lesdits Impectrans produisirent par devers Nous, requerans selon iceulx, &

l'examen ou enqueste par eulx sur ce fait faire, qui estoit par devers Nous, leur estre fait raison sur le parachevement de l'enterinement & excecucion de leurs dictes Lettres. Et pour avoir plus ample congnoissance des Limites & declaracions de laditte Chastellenie & Seigneurie de Bechevillain. Et affin que plus seurement peussons procedder en la matiere, le Lundy ensuyvant XIII. jour dudit moys de Septembre, nous transportasmes audit lieu de Bechevillain, pour Nous transporter, & aller visiter à l'œil les limitacions de ladite Chastellenie, Terre & Seigneurie de Bechevillain; où ilec feismes assembler les anciens hommes, & aultres de ladicte Terre, Chastellenie & Seigneurie, qui avoyent congnoissance desdittes limites; & iceulx assemblés, en la presence dudit Procureur du Roy en Lyonnoys, desdits Berthelemy Bellievre, Procureur general de mondit Seigneur le Cardinal de Bourbon; Philibert Chappa, Procureur des Chasteaux de mondit Seigneur le Cardinal; du Prevost de Lyon, Chastelain dudit lieu de Bechevillain; Maistre Jehan Chief-de-Ville; & Maistre André Girault; & plusieurs autres notables gens de Lyon: Nous transportasmes sur lesdittes limites. Et premier, au lieu du lac d'Oysel, qui est la premiere limite de ladicte Chastellenie; de la partie dont vient le fleuve du Rosne, & prés d'icelui Rosne; auquel lieu se trouverent pareillement plusieurs des Habitans de laditte Chastellenie, que avions fait assembler, comme dit est; desquels les noms & surnoms s'ensuyvent. *Primò*, Guilhaume Lunel; *Aliàs* Tassart; Jehanin Chavennes; Jehan Balichon; Thienen

limites du lionois et de Venessieu

Ien Thenet ; Pierre Grillet ; Thienen Petou ; Vincent Finant ; François Bonier de Lyon ; Glaude Vaulgry ; Beneſt Poncet ; Jehan Barart ; Pierre Quatreſſois ; Pierre Joly ; Philibert Ponſin ; Glaude de la Fontaine ; Jehan Guillerme ; Pierre Corlier ; Jehan Rochon ; Antoine Bretet , Jehan Bexon , Antoine Voiſpart , Jehan Mermet ; Jehan Morel , *aliàs* Rozelet ; François Lunel , *aliàs* Taſſard ; Jehan Amandon ; Jehan Verex ; Jehan Girault ; Jehan Jennin ; Eſtienne Chenal ; Denis Cabeau ; Jehan Daſnieres ; Antoine Civrort ; Antoine Richier ; Jehan Gorrel ; Michel Duchaigne ; Pierre Bloton ; Jehan Dechier , *aliàs* Gorgias ; Jehan Georges ; Perot Guillerme ; Glaude Alaignet ; Guillaume Luiſet : leſquelx & chacun d'eulx , ſur ce par Nous particulierement interrogez , nous diſirent & depoſerent d'un commun dire & accord que ledit Lac Doyſel eſtoit le commancement des limites & departies de laditte Terre , Chaſtellenie & Seigneurie de Bechevillain , & du pays du Dauphiné ; en tirant dudit lac Doyſel , à l'endroit de certains fouſſez anciens qui viennent frapper juſques audit Lac , au travers du Roſne , à certaine vieille muraille , où ſouloit avoir une Grange , comme on dit ; laquelle Grange on appelloit la Grange de Marignolles , qui eſtoit des appartennances de l'Oſpital Saincte Catherine de Lyon : & auſſi tirant entre les deux Juſtices , ou Fourches patibulaires de Lyon & de Breſſe , qui ſont entre Roſne & Soonne , près l'une de l'autre ; & l'une en Lyonnoys , l'autre en Breſſe. Et dudit Lac d'Oiſel Nous tranſportaſmes en la pre-

limites du Lionnois et de Vennesieu

limites du lion noiset de Venessieu

ſence de tous les deſſusditz, tirant tout droit au lieu apellé le Moncelet, qui eſt une petite mothe de terre, eſtant joignant ung chemin par lequel l'on va de Lyon à Ville-urbane. Et dudit lieu du Moncelet Nous tranſportaſmes, en tirant tout droit à ung Carreffour, où ſouloit avoir une Croix de bois; ainſi que aucuns des deſſusditz ont deppouſé, & lui avoir veüe; où encores appert certaine pierre en terre, où ils dyent laditte Croix avoir été autreffois plantée & affichée, vulgamment appellée, la Croix de Symendres. Et dudit Carreffour Nous tranſportaſmes par le chemin par lequel l'on va de Lyon à Genas, juſques aux Boys de Monchal, & dudit chemin par ung autre petit chemin traverſant le hault deſdits boys de Monchal, & tirant à ung Carreffour eſtant au chemin par lequel l'on va de Lyon à Braon, apellé ledit Carreffour, le Rempaut de Chaſſaignes, ouquel a une Croix de boys eſtant en ung Buiſſon: & d'icelle Croix & chemin tirant tout droit par ung vieulx chemin à ung autre Carreffour eſtant ou grant chemin par lequel l'on va de Lyon à Grenoble, ledit Carreffour appellé, la Veille-morte; & diſoyent aucuns des deſſusditz, ledit Carreffonr eſtre ainſi appellé, parce que autreffois fut ilec trouvé une femme morte, qui fut enterrée ſoubz un monceau de petites pierres eſtant oudit Carreffour. Et dudit Carreffour tirant tout droit au lieu appellé les Turcs ou Tureaux, eſtans prés d'iceluy Carreffour, qui ſont certaines grans fouſſes & fouſſez, à grans & haulx giects de terre: auquel lieu aucuns des deſſusdits diſoyent avoir autrefois oy dire, que ou temps passé avoit eu ilec ung Ost ou Armée de Sarrasins ; & qu'ils avoyent fais lesdits foussez, pour eulx retirer & fortiffier. Et desditz Turs ou Tureaulx en tirant au long un grant foussé à giet double, qui dure d'ilec jusques au grant chemin par où l'on va de Lyon à Vienne. Et par ledit grant chemin, depuis le bout desditz foussez, Nous transportasmes jusques à une Croix de boys qui est à un carreffour, appellée la Croix de sainct Fons, audroit de laquelle Croix passe au travers dudit grant chemin d'entre Lyon & Vienne, ung autre petit chemin, appellé la Voye Boveresse, qui descend de laditte Croix Sainct Fons aux Isles du Rosne. Et par laquelle Voye Boveresse, Nous transportasmes jusques esdites Isles ; & par icelles Isles jusques à l'eau du fleuve du Rosne, à l'entrée desquelles Isles se finit & deffault ledit petit chemin ou Voye Boveresse. Mais tous les dessusditz disoyent que laditte Terre & Chastellenie de Bechevillain s'extendoit en tirant tout droit de laditte Voye Boveresse, au travers desdittes Isles du fleuve du Rosne, au droit d'une grosse pierre, ou rocher ; qui est oultre ledit Rosne, du cousté du Royaume qu'on apelle Pierre-Beneiste. Disans oultre, tous les dessus nommez, & chacun d'eulx, que lesdits lieux, chemins, & carreffours, par lesquelx Nous estions ainsi transportés, estoyent les vrayes limittes & départies de ladite Chastellenie, & Seigneurie de Bechevillain, & du Daulphiné. Disans les anciens d'eulx, & mesmement lesditz Guilhaume Lunel, Balichon, Thenet, Grillet, Petou, & Finant ; que autrefois,

limites du lionois et de Venessieu

Nota

en pareille matiere que ceste presente, & en presence de certains Commissaires à ce commis, à la requeste de Reverend Pere en Dieu, Monseigneur l'Evesque du Puy en Auvergne, lors Administrateur dudit Arceveschié de Lyon, qui aussi y estoit present, & qui peut avoir XXIX. ans ou environ; ils furent sur lesdites Limites, & les ont tous les dessusditz toûjours oy dire & maintenir es anciens leurs feuz Peres & Predecesseurs, estre telles; fors lesdits Glaude de la Fontaine, & Thienen Thenet, qui ont dit qu'ils ont oy dire, que lesdites Limites se finissent en tirant tout droit de laditte Voye Boveresse au Pont Bretet, qui est de present submergé soubs le Rosne, & qui est au dessus de Pierre-Beneiste, comme ils dyent, ung gieᴄt d'Arc, ou environ. Et au dedans desquelles Limittes tous les dessusdits ont dit & deppozé, le Roy nostredit Sire avoir tout droit de ressort & souveraineté; & que en icelles ils ont veu faire par Sergens & Officiers Royaulx, tous exploiz appartennans & estans des droiz de souveraineté: comme excecuter sauvegardes, & aultres mandemens Royaulx; & afficher Panonceaux Royaulx, par vertu desdits Sauvegardes Royaulx, par tous les heritages & lieux de laditte Chastellenie & Seigneurie de Bechevillain, dont par les particuliers possesseurs d'iceulx ils ont été requis; & jamés en ce ne virent faire, meᴄtre, ou donner esdits Exploiᴄteurs aucun empeschement; & ont veu faire excecucions par auᴄthorité de la Court dudit Bechevillain; comme battre & fustiger crimineulx, & copper oreilles jusques és extremitez desdittes Limites, ou aucunes d'icelles;

&

& par appel ont toûjours accouſtumé ſans difficulté, reſſortir devant le Juge d'Appeaulx des Chaſteaux de mondit Seigneur l'Arceveſque de Lyon ; & dudit Juge d'appeaulx, par devant le Juge des reſſorts de Lyonnoys, & de là en Parlement à Paris, où les aucuns d'eulx dyent avoir des cauſes & procez pendans. Diſans oultre que de tout temps, & d'ancienneté, eulx & leurs predeceſſeurs en ladite Seigneurie & Chaſtellenie de Bechevillain, ſont demourés francs, quictez, & exemps de touttes Tailles, Fouaiges, Subcides, & autres charges miſes ſus ou Daulphiné ; & jamés n'y contribuerent en nulle maniere : mais tousjours ont contribué és charges communes & publiques dudit pays de Lyonnoys & par mandemens & commiſſions du Roy. Et le Merquedy enſuyvant, quinzieſme jour dudit moys de Septembre, aſſemblaſmes enſemble en conſeil, en la Ville de Lyon, honorables hommes & ſaiges, Meſſires Laurens Patarin ; Pierre Fournier ; Jehan Palmier ; Clement Merlat ; André Garnier, Docteurs en Droit civil ; & autres gens notables, & praticiens ; auſquelx Nous feiſmes rapport de l'effect & contenu deſdittes Lettres Royalles & Dalphinalles, obtenues de la partie deſdits Impectrans, & de tout ce qui au moyen & par vertu d'icelles, avoit par Nous eſté fait & excecuté ; en leur expoſant touttes les difficultez qui ſe pouvoyent faire en la matiere, & meſmement ſi nonobſtant l'appellacion dont deſſus eſt faicte mencion, interjectée de Nous par les parties adverſes deſdits Impectrans, formellement en la Court de Parlement à Grenoble ;

limites Dulioun oise de Venessien

limites du lionnoiset de Venessieu

doyvions procedder au parachevement de l'excecucion & enterinement desdittes Letttes Royalles & Dalphinalles : veu que par icelles estoit mandé procedder, nonobstant opposicion, ou appellacion ; & aussi si icelle clause, nonobstant opposicion, ou appellacion, se povoit adapter à toutes les clauses contenues esdites Lettres. Lesquelx, & chacun d'eulx ; tous d'une commune opinion, par eulx au long veües & visitées lesdittes Lettres, & aussi les causes d'appel baillées par lesdits appellans, disirent, & oppinerent, pour plusieurs causes & raisons qu'ils alleguerent, que nonobstant laditte appellacion, devyons procedder au parachevement de l'excecucion & enterinement desdittes Lettres, s'il nous estoit apparu, ou apparoissoit du contenu en icelles ; mesmement que ladite appellacion n'avoit encore esté relevée, ne les inhibicions & deffences faictes ; & aussi que ce n'estoit qu'une provision, pendant le débat & question des parties ; & pour obvier au grands inconvéniens qui se pourroyent sur ce ensuyvre. Mesmement que ladite clause : nonobstant opposicion ou appellacion, estoit contenue esdites Lettres, & se adaptoit bien aux clauses précédentes. Et le vendredy ensuyvant XVII. jour dudit moys de Septembre, se comparurent pardevant Nous, audit lieu de la Guillotiere, ledit Procureur du Roy, personnellement; lesdits Berthelemy Bellievre, & Philibert Chappa, Procureurs de mondit Seigneur le Cardinal de Bourbon, Arcevesque de Lyon ; & le Chastelain dudit lieu de Bechevillain, aussi en leurs personnes. Et lesdits Procureur general du Daulphiné,

& officiers de Saint Saphorin d'Auzon & de Vaulx, n'y vindrent ne comparurent, ne aultres pour eulx; combien qu'ils euſſent à ce aſſignacion en la forme deſſus ditte. En abſence deſquelx, de la partie deſdits Procureurs du Roy, & de mondit Seigneur le Cardinal, Impectrans, fut dit qu'ils avoyent mis & produit par devers Nous, pluſieurs Chartres, Lettres, Tiltres, & aultres enſeignemens, ou les doubles ou coppies d'iceulx par Nous collacionnées aux originaulx; pour monſtrer le contenu, & donné entendre de leursdittes Lettres requerant leur eſtre fait par Nous raiſon ſur le parachevement de l'excecucion deſdittes Lettres Royalles & Dalphinalles, ſelon ce qu'ils avoyent produit par devers Nous; & l'examen ou enqueſte par Nous, à leur requeſte ſur ce fait. Laquelle Requeſte oye, & par Nous veu & viſité ledit examen ou enqueſte, & tout ce qui avoit eſté mys & produit par devers Nous par leſdits Impectrans; eu ſur ce, avis & conſeil: fut par Nous dit & declairé, par Jugement, en parachevant l'excecucion deſdittes Letttres, en ce quelles reſtoyent à excecuter; & meſmement touchant le reſſort & ſouveraineté dont eſdites Lettres eſtoit faict mencion: Que laditte Terre, Seigneurie, & Chaſtellenie de Bechevillain, & ſes appartennances, ſelon les limites deſſus declairées, reſſortiront dores-en-avant ou reſſort & ſouveraineté du Roy noſtre dit Sire, à cauſe de ſa Couronne; & que les cauſes qui ſeroyent devolues par appel des Juge & Chaſtelain dudit lieu de Bichevillain, reſſortiroyent en la Court de Parlement à Paris, ſelon les moyens qui s'ensuyvent. Sçavoir est, premierement par devant le Juge d'appeaulx des Chasteaux de mondit Seigneur le Cardinal Arcevesque de Lyon; & de là par devant le Juge Royal Dappeaulx de Lyonnoys, & d'ilec en ladite Court de Parlement à Paris; nonobstant opposicions ou appellacions quelxconques, & ce par maniere de provision, & jusques à ce que par le Roy nostre dit Sire, ou les gens qui par luy à ce seroyent commis, en fust ordonné: ainsi que lesdittes choses apparoissent applain, par la Sentence sur ce donnée. En tesmoing desquelles choses, Nous avons signé cestuy nostre present Procez Verbal, de nostre main, & Scellé de nostre Seel, & fait Signer du Seing Manuel de Loys Claveau, Clerc, Notaire Royal, Greffier par Nous commis en ceste partie, lequel a esté present aux choses dessusdictes, & chacune d'icelles; & par nostre commandement a le tout mys & reddigé par escript, en la forme dessus dicte. DONNÉ & faict les jours & an dessus-dicts.

Signé L. TINDO, avec paraphe; *& plus bas*, CLAVEAU, Greffier à ce commis par mondit Sieur le Commissaire.

Extrait des Registres du Conseil d'Etat privé du Roy.

ENTRE Antoine Rivail, Maître Chirurgien au lieu de la Guillotiere, Demandeur aux fins des Lettres en Réglement de Juges par luy obtenuës au grand sceau, le sixiéme Mars 1698. d'entre le Sénéchal de Lyon, & le Vice-Bailly de Vienne en Dauphiné ; suivant l'exploit d'assignation donnée en consequence desdites Lettres, le septiéme Avril audit an, d'une part. Et Jean Petrequin Marchand demeurant en la Ville de Lyon, deffendeur d'autre part. Et entre le Sieur Procureur general du Roy au Parlement, Aydes, & Finances de Dauphiné, Intervenant & Demandeur, suivant sa Requête du 7. Mars 1699. signifiée le 9. dudit mois, d'une part ; & ledit Petrequin deffendeur d'autre part. Et entre le Sieur Procureur du Roy en la Sénéchaussée & Siége Présidial de Lyon, aussi Intervenant & demandeur, suivant sa Requeste inserée en l'Arrest du Conseil du 18. dudit mois de Mars 1699. d'une part ; & ledit Rivail, & le Sieur Procureur général du Roy audit Parlement de Dauphiné deffendeur d'autre part. Et encore entre ledit Sieur Procureur du Roy en la Sénéchaussée & Siége Présidial de Lyon, Demandeur en Requête inserée en l'Arrest du Conseil du 8. Fevrier 1700. d'une part ; &

ledit Sieur Procureur général du Roy audit Parlement de Dauphiné, & ledit Rivail Deffendeur d'autre part : sans que les qualitez puissent nuire ny prejudicier aux parties. Veu au Conseil du Roy, les Lettres obtenues au grand Sceau, ledit jour sixiéme Mars mil six cens quatre-vingt dix-huit par ledit Rivail, aux fins de faire assigner au Conseil ledit Petrequin, pour se voir regler de Juges entre le Baillage de Vienne, ressortissant au Parlement de Grenoble, & la Sénéchaussée & Siége Présidial de Lyon, ressortissant au Parlement de Paris ; & voir dire que les parties procederont audit Baillage de Vienne, & par appel au Parlement de Grenoble sur leurs Procez & differens, circonstances, & dependances, suivant les derniers errements. Exploit d'assignation donnée au Conseil le septiéme Avril audit an 1698. en vertu desdites Lettres & reglement de Juges, audit Petrequin, à la requeste dudit Rivail, pour proceder suivant & aux fins d'icelle. Appointement signé en l'instance le 30. Juin audit an mil six cens quatre-vingt dix-huit, enrre lesdits Rivail & Petrequin. Procez verbal de signarure dudit appointement dudit jour 30. Juin 1698. La Requeste dudit Sieur Procureur general audit Parlement de Dauphiné, du septiéme Mars 1699. signifiée le 9. dudit mois, tendante à ce qu'il fût reçû partie intervenante en ladite instance : & faisant droit sur son intervention, & sans avoir égard à l'Ordonnance du Présidial de Lyon du 24 Decembre 1691. laquelle seroit cassée, & annullée, comme renduë incompetamment & par attentat ; ordonné que lesdits

Rivail & Petrequin procederoient ſur leur appellation pardevant le Vice-Bailly de Vienne, & par appel au Parlement de Grenoble, avec deffences tant à eux qu'aux autres habitans du lieu de la Guillotiere de ſe pourvoir ailleurs, & audit Préſidial de Lyon d'en connoiſtre, & de faire à l'avenir pareilles Ordonnances, à peine de nullité, caſſation de procedures, & de dix mille livres d'amande, qui ſeroit declarée encouruë ſur la premiere contravention. Ladite Requête employée pour moyens d'intervention, écritures, & productions, au bas de laquelle eſt l'Ordonnance du Conſeil, portant, ſoit le Procureur général du Parlement de Dauphiné receu partie intervenante en l'inſtance d'entre les parties ; & enſuite la ſignification qui en a été faite audit Petrequin. Arreſt du Conſeil du 18. Mars 1699. obtenu ſur requête y preſentée par ledit Sieur Procureur du Roy en la Sénéchauſſée & Siége Préſidial de Lyon, tendante à ce qu'il fût receu partie intervenante dans ladite inſtance, faiſant droit ſur ſon intervention les Parties ſeroient renvoyées avec leur procez, & differens, circonſtances & dependances, en la Sénéchauſſée & Siége Préſidial de Lyon, & les Inſiſtans au contraire condamnez aux dépens: ladite Requête employée pour moyens d'intervention, écritures & production, par lequel Arreſt ledit Sieur Procureur du Roy en la Senéchauſſée & Siége Préſidial de Lyon a été receu Partie intervenante en ladite inſtance, luy a été donné acte de ſon employ, & le ſurplus de ladite Requête joint à l'inſtance d'entre leſdites Parties, pour être fait droit ainsi qu'il appartiendroit. Autre Arrest du Conseil du 8. Fevrier 1700. aussi obtenu sur Requête presentée par ledit Sieur Procureur du Roy en ladite Sénéchaussée, & Siége Présidial de Lyon, tendante à ce qu'en luy adjugeant les conclusions prises par sa Requête d'intervention, il plût à Sa Majesté, sans s'arrester aux Arrests qui pourroient avoir été surpris au Parlement de Grenoble par le Sieur Procureur général du même Parlement, qui seroient cassez & annullez; maintenir & garder le Présidial de Lyon en la possession & joüissance de connoître des appellations des Sentences des Juges de la Guillotiere, & Mandement de Bechevelin, & de toutes les contestations, procez & differens des habitans du même lieu dans les cas ausquels la connoissance appartient en premiere instance au Presidial de Lyon, sauf l'appel au Parlement de Paris: faire deffences aux Juges & au Parlement de la Province de Dauphiné de donner aucun trouble au Présidial de Lyon, ny de connoître des appellations des sentences des Juges de la Guillotiere & Mandement de Bechevelin, & des contestations procez & differents des habitans des mêmes lieux, à peine de nullité, cassation de procedures, dix mille livres d'amande, & de tous dépens, dommages & interêts; & aux mêmes habitans, & tous autres de se pourvoir ailleurs qu'au Présidial de Lyon, sous les mêmes peines; condamner le Sieur Procureur général du Parlement de Dauphiné, & les Insistans au contraire en tous les dépens: Par lequel il a été ordonné, qu'aux fins de ladite

ladite Requête les Parties écriroient & produiroient,& joint à l'instance. Ensuite duquel Arrest est la signification qui a été faite le onze dudit mois de Fevrier. Requeste dudit Petrequin du 24. Fevrier 1699. tendante à ce qu'il lui fut donné acte de son consentement de proceder sur l'appel respectivement interjetté par luy, & ledit Rivail de la Sentence du Juge de la Guillotiere du 17. Aoust 1697. en celle des Senêchaussées de Lyon & de Vienne, qu'il plairoit à Sa Majesté, & en consequence tant dudit consentement que de la declaration dudit Petrequin, qu'il n'entendoit former de son chef aucune contestation sur ce sujet, il fût dechargé de l'assignation à luy donnée au Conseil en reglement de Juges, à la Requête dudit Rivail entre lesditres deux Jurisdictions de Lyon, & de Vienne le 7. Avril 1698. & ledit Rivail condamné aux depens. Au bas de laquelle est l'ordonnance du Conseil portant acte de l'employ, & au surplus en jugeant ; & ensuite la signification du 26. dudit mois de Fevrier. Arrest du Conseil d'Etat du 11. Aoust 1699. sur Requeste y presentée par ledit Sieur Procureur du Roy en ladite Senêchaussée & Siége Presidial de Lyon, tendante à ce qu'il plût à Sa Majesté le recevoir, en tant que besoin seroit, opposant à l'execution de l'Arrest du Conseil du premier May 1696. en ce qui concernoit seulement le ressort de la jurisdiction des Juges de la Guillotiere : faisant droit sur l'opposition, concluoit aux mêmes fins que par sa Requête inserée en l'Arrest du Conseil du 8. Février 1700. par lequel sans avoir égard à ladite opposition les Parties ont été renvoyées au Conſeil privé, pour y proceder ſur leurs demandes, fins & concluſions, ainſi qu'il appartiendroit; & ſans que leſdittes Parties puiſſent tirer aucun avantage dudit Arreſt du premier May 1696. pour ce qui concernoit le reſſort de la juriſdiction des Juges de la Guillotiere, ſur lequel Sa Majeſté n'avoit entendu ſtatuer par ledit Arreſt. Au dos eſt la ſignification du 19. Aouſt audit an 1699. Requête dudit Sieur Procureur général au Parlement de Dauphiné du 12. Septembre audit an, employée pour reponſe aux Requeſtes, & moyens d'intervention & d'oppoſition dudit Sieur Procureur du Roy, qu'il fût declaré non-recevable, & mal-fondé en ſes Requeſtes, & debouté d'icelles avec dépens. Au bas de laquelle eſt l'Ordonnance du Conſeil portant qu'en jugeant ſeroit fait droit, & ſignification du même jour. Copie collationnée d'Arreſt du Conſeil d'Etat du premier May 1696. par lequel entr'autres choſes Sa Majeſté a declaré le lieu de la Guillotiere, & Mandement de Bechevelin, eſtre un Bourg de la Province du Dauphiné, & non Fauxbourg de la Ville de Lyon. Procez verbal de publication, & ſignification dudit Arreſt, en datte du 19. Juillet audit an. Copie de Sentence contradictoire de la juriſdiction ordinaire du Bourg de la Guillotiere, rendue le 17. Aouſt 1697. entre leſdits Petrequin & Rivail, portant condamnation contre ledit Rivail des ſommes y mentionnées, & renvoy d'autres demandes; enſuite de laquelle eſt commandement fait en conſequence audit Rivail, le 11. Decembre audit an 1697. Requête presentée par ledit Rivail au Vice-Bailly de Vienne ledit jour 11. Decembre, à ce qu'il luy fût donné acte de l'appel par luy interjetté de ladite Sentence devant iceluy Vice-Bailly comme Juge d'appel & premier Juge de la Guillotiere; & en consequence ledit Petrequin assigné devant luy, tant pour proceder sur ledit appel que sur celluy dudit Petrequin de la même Sentence, avec deffences de se pourvoir ailleurs : au bas de laquelle Requeste sont les conclusions du Procureur du Roy, & Ordonnance dudit Juge portant acte dudit appel, & que les Parties procederoient devant ledit vice-Bailly, & deffences de se pourvoir ailleurs; ensuite l'exploit d'assignation donnée en consequence le treize dudit mois de Decembre, à la requête dudit Rivail audit Petrequin devant ledit vice-Bailly. Copie de Requeste presentée au Senêchal & Juges Presidiaux de Lyon par ledit Petrequin le 24. dudit mois de Decembre 1697. par laquelle il relevoit devant eux son appel de ladite Sentence du 17. Aoust 1697. & requeroit deffences ailleurs; en consequence qu'il fût dechargé de l'assignation donnée devant ledit Vice-Bailly. Ensuite sont les conclusions du Procureur du Roy en ladite Senêchaussée & Siége Présidial de Lyon, par lesquelles il consentoit qu'en consequence des precedentes Ordonnances portant deffenses de se pourvoir ailleurs qu'en ladite Senêchaussée sur les appellations qui pourroient être interjettées des Sentences du Juge ordinaire de la Guillotiere & Bechevelin, que ledit Petrequin fût dechargé de l'assignation à lui donnée au

Baillage de Vienne sur l'appel dudit Rivail de ladite Sentence du 17. Aoust 1697. & audit Rivail d'y poursuivre ledit appel : sauf à lui de le relever en ladite Sennêchaussée, avec deffences de se pourvoir ailleurs. Au bas est l'Ordonnance portant, soit fait comme il est requis : & enfin est l'exploit de signification, avec commandement audit Rivail du 31. dudit mois de Decembre. Copie d'Arrest du Parlement de Grenoble du dix Janvier 1698. rendu sur la requête dudit Rivail, qui a cassé l'Ordonnance dudit Presidial de Lyon, ordonné que sur les appellations respectives de ladite Sentence, les Parties procederoient devant le Vice-Bailly, avec deffences de se pourvoir audit Présidial, & à iceluy d'en connoître, aux peines y portées. Ensuite commission sur ledit Arrest, & exploit de signification audit Petrequin du 31. dudit mois de Janvier 1698. Production nouvelle faite au Conseil par ledit Sieur Procureur général de Grenoble, par Requête du 12. Septembre 1699. des pieces suivantes: sçavoir copie par extrait collationné le 4. Aoust 1558. des Limites du Dauphiné & Savoye ; pareille copie des registres & tresor de la Chambre des Comptes de Dauphiné, contenant un hommage rendu le 14. Aoust 1241. par le Seigneur de Chandieu au Comte de Savoye ; autre copie collationnée d'un traité du 6. Juin 1293. fait entre le Comte de Savoye & le Dauphin de Vienne ; pareille copie d'un échange du 5. Janvier 1454. fait entre les mêmes personnes. Copie de Procés verbal des limites du Territoire & jurisdiction de S. Simphorien, & Bechevelin, fait par

par un Conſeiller du Parlement de Grenoble, en datte du 22. Octobre 1387. Copie collationnée de pluſieurs reconnoiſſances paſſées au profit du Prince Dauphin, par les Habitans de Vaux, & de Lyon, en datte des premiers Mars 1436. & neufviéme Novembre 1492. Autre copie collationée, en un cahier, de pluſieurs reconnoiſſances du 9. Septembre 1492. paſſées par des Marchands & Habitans de Lyon, au profit du Roy. Copie d'Arreſt du dixiéme May 1492. dans lequel eſt énoncé un Procez verbal de conference tenuë en 1603. entre les Députez du Parlement de Dauphiné, la Chambre des Comptes, le Gouverneur, l'Intendant, & les Députez de la Ville de Lyon; par lequel les Officiers de Dauphiné établiſſent leur poſſeſſion ſur le Bourg de la Guillotiere. Copie collationnée d'Enqueſte, faite en 1333. par laquelle le Comte de Savoye prétendoit avoir prouvé ſur la conteſtation d'entre luy, & l'Archevêque de Lyon, que ſa juriſdiction s'étendoit non-ſeulement ſur la Guillotiere, & Mandement de Bechevelin; mais encore ſur Saint Simphorien d'Auzon. Procez verbal du 22. Octobre 1387. qui contient declaration, & conſentement du Sieur Archevêque de Lyon, de terminer les difficultez ſur les limites, & juriſdictions du Dauphiné & du Lyonnois. Copie collationnée d'enqueſte du 29. Octobre 1549. contradictoire, entre les Habitans de la Guillotiere, & les Conſeillers, Echevins, Manans, & Habitans de la Ville de Lyon. Copies collationnées des Jugemens de la juſtice de Lyon, & Actes faits en conſequence, des

28. May 1432. & 5. Janvier 1454. par lesquels il paroît que le Juge de Saint Simphorien, tira un Prisonnier des prisons de Lyon, & le fit executer en la partie du pont qui est de Dauphiné. Autre copie collationnée de commission, Actes d'attestation, & de caution, & procez verbal fait en execution d'ordonnance dudit Parlement de Dauphiné, en datte des 24. Octobre 1437. 18. Septembre 1507. 25. May 1484. 5. Avril 1476. premier Juillet 1500. 8. Novembre 1507. & premier Janvier 1508. pour justifier que le Parlement de Grenoble a fait des reglemens, & des actes publics, dans la Guillotiere. Pareilles copies d'extrait de rolles des tailles imposées en Dauphiné depuis 1478. jusqu'en 1554. & actes de deliberation au sujet desdites impositions qui font mention du lieu de Bechevelin, comme contribuable ausdites impositions. Autre copie collationnée de cinq quittances, depuis 1521. jusqu'en 1525. des impositions faites sur la Guillotiere, pour leur part de celles de la province de Dauphiné. Cahier de copies de plusieurs Ordonnances du Parlement de Grenoble, & deliberations des Etats de Dauphiné, sur les Requêtes des Consuls & Habitans de Venissy, depuis 1603. jusques en 1629. pour justifier que la Guillotiere & Bechevelin étoient de la Taillabilité dudit Venissy, & qu'il y avoit instance au Conseil au sujet du Territoire de la Guillotiere. Copies collationnées de compulsoire, assignations & autres procedures faites en l'année 1557. par les Habitans de la Guillotiere, pour faire extraire les susdites pieces. Deffauts obtenus au

grand Conſeil, les 16. Avril, & 17. May 1611. par le Procureur des trois Etats de Dauphiné, aux fins de faire declarer leſdits lieux, être de la Province de Dauphiné. Livre imprimé contenant pluſieurs pieces dont la premiere eſt un Arreſt du grand Conſeil du 26. Octobre 1551. qui a, par proviſion, déchargé les Habitans dudit Bourg de la Guillotiere, de contribuer à un octroy de la Ville de Lyon; la ſeconde une tranſaction du 22. Septembre 1556. faite entre leſdits Habitans de la Guillotiere, & les Prevoſt des Marchands, & Echevins de Lyon, par laquelle la proviſion ordonnée par ledit Arreſt, eſt convertie en diffinitive; la troiſiéme eſt un Arreſt contradictoire de la Cour des Aydes, du 22. Septembre 1636. renduë ſur les concluſions du Procureur general, par lequel leſdits Habitans ſont déchargez, comme Bourg de Dauphiné, du payement des droits d'Aydes; la quatriéme, Arreſt du Parlement de Paris du 13. Aouſt 1668. qui a dechargé les Boulangers de la Guillotiere de contribuer aux charges de ceux de Lyon; la cinquiéme, Declaration des Prevoſt des Marchands & Echevins de Lyon du 13. Juin 1606. contenant que leſdits Habitans de la Guillotiere, étoient exempts des impoſitions de ladite Ville; la ſixiéme, Certificat de la Chambre des Comptes de Grenoble du 22. May 1606. que leſdits Habitans ont été crées juſticiables du Dauphiné. Arreſt du Parlement de Grenoble qui deffend à tous les Habitans & autres de la Province de Dauphiné, & particulierement à ceux du Bourg de la Guillotiere,

Mandement de Bechevelin, & à tous ceux dudit Mandement, de transporter la jurisdiction hors du ressort de ladite Cour, tant en matiere civile, criminelle, que de tailles, octroys, & autres de sa connoissance. Copies collationnées de commission, exploits, contraintes, emprisonnemens faits par les Huissiers Delphinaux dans ledit lieu de la Guillotiere, és années mil six cens trente-trois, mil six cens soixante-douze, & mil six cens soixante-quinze. Exploit de publication faite le dix Juin 1697. d'une Ordonnance du Présidial de Lyon, portant deffences aux Habitans dudit lieu, de se pourvoir au Vice-Bailly de Vienne, pour les affaires de la Guillotiere. Copie collationnée d'Ordonnance dudit Présidial, portant contrainte par corps contre ledit Rivail, faute de rapporter l'original de l'Exploit & Ordonnance du Vice-Bailly de Vienne, devant lequel il avoit porté son apel; Ordonnance du Vice-Bailly de Vienne du 3. Avril 1698. & Exploits faits d'authorité du Présidial de Lyon, au sujet d'un apel de Sentence du Juge de la Guillotiere, dont ils vouloient connoître, en datte des trois, & vingt-deux Avril mil six cens quatre-vingt dix-huit. Copie de Procez verbal fait par le Sieur Tindo, Sénéchal de Thoüars le 23. Aoust 1479. & autres jours suivans, dans lequel sont inserées les Lettres Patentes du Roy Loüis onziéme, du 5. Juillet audit an, qui ont commis ledit Sieur Tindo pour proceder aux limites des jurisdictions dudit Parlement de Dauphiné, Sénéchaussée de Lyon & autres pretendans la justice

du

du Chaſtel & de Bechevelin ; enſuite duquel eſt ſon Ordonnance du 14. Septembre audit an. Trois decrets faits en la Sénéchauſſée de Lyon, de Maiſons & Heritages ſcitués à la Guillotiere, & Mandement de Bechevelin, en datte des 8. Aouſt 1578. 22. Aouſt 1584. & 22. Avril 1594. enſuite deſquels ſont Sentences d'ordre & diſtribution qui ont été rendues en ladite Sénéchauſſée de Lyon. Deux autres decrets, & deux Sentences de ladite Sénéchauſſée de Lyon, des 22. May 1594. 10. Septembre 1600. 20. 22. Septembre 1622. & 7. Septembre 1660. Quittance de droits Seigneuriaux deſdits biens, du dernier Mars 1623. Aſſiette de la grande taille du Lyonnois, de l'année 1594. qui a compris le lieu de la Guillotiere, pour deux cens quarante-cinq écus quarante ſols trois deniers. Sentences du Préſidial de Lyon de certiffication de criéés, & d'adjudication de biens ſcitués à la Guillotiere des 20. Octobre 1565. & 16. Mars 1566. Decret fait audit Préſidial le 17. Mars 1580. d'autres biens de la Guillotiere ; reſultat du Conſeil rendu le 11. Avril 1592. ſur la remontrance du Sieur Archevêque de Lyon. Copie d'Extrait tiré des Regiſtres de la Sénéchauſſée de Lyon, contenant pluſieurs decrets interpoſés de l'authorité de ladite Sénéchauſſée ſur des biens ſcitués à la Guillotiere, depuis 1661. juſques & compris l'année 1698. copie collationnée de Lettres Patentes & de juſſion du Roy François premier, pour l'établiſſement & perception des droits y mentionnés en datte des 25. May & 22. Juillet 1522. copie de pareilles Lettres Patentes pour l'établiſſement d'un

Couvent à la Guillotiere, des 18. Janvier 1523. & May 1606. autres copies collationnées de consentement & procez verbal d'établissement dudit Couvent, des 10. Juillet 1607. & 14. Septembre audit an. Requête des Habitans de la Guillotiere afin de joüir des exemptions de Lyon, du 17. May 1586. copie collationnée de Lettres Patentes du 20. Juin 1652. obtenuës par les Habitans de la Guillotiere, ensuite de laquelle sont les enregistremens. Trois Etats des droits levez par lesdits Habitans en vertu desdites Lettres des 21. Avril 1662. & 29. May 1682. Deux copies collationnées de Lettres d'assiette pour la taille du Lyonnois, des 4. Mars 1652. & 25. Octobre 1679. autres copies collationnées de deux actes de foy & hommage, des 15. May 1671. & 3. Juillet 1676. & d'un certificat d'autre foy & hommage cy-devant fourni au Bureau des Finances de Lyon, par des possedans Fiefs de la Guillotiere & Mandement de Bechevelin. Quarante-deux Pieces, qui sont procez verbaux & Sentences de la Police de Lyon, contre les Habitans de la Guillotiere depuis 1638. jusques en 1652. Copies collationnées de trois reconnoissances d'Habitans de la Guillotiere, pour des Heritages scitués audit lieu, les Servis & droits desquels étoient suivans l'usage de Lyon, en datte des 26. May 1516. & 5. May 1528. & 3. Decembre 1540. Pareille copie de deux Baux à ferme, passez à la Guillotiere, d'heritages scitués audit lieu, suivant l'usage & mesure de Lyon, des 25. Novembre 1542. Quatre copies collationnées de reconnoissances d'heritages scitués dans le Mandement de Bechevelin, payables ſuivant Lyon, faites les 11. Aouſt 1571. 20. Juin, 5. Aouſt 1572. & premier May 1576. Copie collationnée de tranſaction ſur l'inſtance pendante à Lyon, du 20. Octobre 1653. Inventaire de communications & de productions des ſuſdites pieces fournies par toutes les Parties. Production nouvelle dudit Sieur Procureur du Roy en ladite Sénéchauſſée & Siége Préſidial de Lyon, de pluſieurs Sentences renduës à Lyon ſur des appellations de la Guillotiere, & en premiere inſtance ſur des cas Royaux, és années 1593. 1595. 1634. 1647. 1656. 1673. ſoixante-dix-ſept, ſoixante-dix-huit, ſoixante-dix-neuf, quatre-vingt-deux, quatre-vingt-cinq, quatre-vingt-ſept, quatre-vingt-neuf, quatre-vingt-douze, quatre-vingt-treize, & mil ſix cens quatre-vingt dix-huit : ladite production nouvelle faite par requête du 8. Juin, ſignifiée le 12. dudit mois 1700. au bas de laquelle eſt l'Ordonnance du Conſeil portant reception d'icelle. Autre Production nouvelle dudit Sieur Procureur de Sa Majeſté à Lyon, reçûë par Ordonnance du Conſeil du 22. Juin 1700. ſignifiée le 26. de copie d'Arreſt du Conſeil d'Etat du 15. Juin audit an 1700. obtenu ſur Requête des Prevôt des Marchands & Echevins de Lyon, par lequel ils ont été maintenus dans le droit & juriſdiction de la Police dans toute l'étenduë de la Ville de Lyon, dans le lieu de la Guillotiere & Mandement de Bechevelin & autres lieux. Pareille production nouvelle d'un certificat y joint, reçûe par Ordonnance du Conſeil du 26.

Fevrier 1701. signifiée ledit jour. Contredits respectivement fournis par les Parties contre lesdites productions tant principales que nouvelles, les 12. Mars 1699. 5. Fevrier, 24. 27. Mars. 26. Avril. 11. Aoust 1700. dernier Janvier 1701. & autres jours. Factums & Memoires imprimez, desdits Sieur Procureur general au Parlement de Grenoble & Procureur du Roy à Lyon. Ecritures desdites Parties & autres pieces y attachées, & tout ce qui a été par elles mis, écrit, & produit pardevers le Sieur Nicolas Camus Depontcarré, Conseiller du Roy en ses Conseils, Maître des Requêtes ordinaire de son Hôtel, Commissaire à ce deputé, qui en a fait son rapport au Conseil, aprés en avoir communiqué aux Sieurs de la Reynie, de Ribeyre, de Fourcy, & D'argouges de Ranes, Conseillers d'Etat ordinaires; & tout consideré. LE ROY EN SON CONSEIL, faisant droit sur le tout, sans s'arrêter aux Arrêts du Parlement de Grenoble, des 20. Juin mil six cens quatre-vingt-seize, & 10. Janvier mil six cens quatre-vingt dix-huit, qu'elle a cassez, & annullez; a ordonné, & ordonne que lesdits Rivail & Petrequin procederont sur l'appel par eux respectivement interjetté, de la Sentence renduë par le Juge de la Guillotiere le 17. Aoust 1697. circonstances, & dépendances, en la Sénéchaussée de Lyon, suivant les derniers erremens. Et ayant égard à l'intervention du Procureur de Sa Majesté en ladite Sénéchaussée, & Siége Présidial, a maintenu & gardé, maintient & garde les Officiers de ladite Sénéchaussée & Siége Présidial en la possession

&

& joüissance de connoître des appellations des Sentences renduës par le Juge de la Guillotiere, & Mandement de Bechevelin, dans l'étenduë marquée par le Procez verbal & Jugement du Sieur Tindo Commissaire du Conseil, du 23. Aoust, & autres jours suivans, de l'année 1479. Sauf l'appel au Parlement de Paris, dans les cas qui y seront sujets; fait deffenses aux Officiers du Parlement de Grenoble, & à tous autres Officiers de la Province de Dauphiné de les y troubler à l'avenir, & aux Habitans dudit lieu de la Guillotiere, & Mandement de Bechevelin, de se pourvoir en cas d'appel des Sentences renduës par le Juge dudit lieu, ailleurs qu'en ladite Sénéchaussée & Siége Présidial; condamne ledit Rivail envers ledit Petrequin; & le Procureur general dudit Parlement de Grenoble, envers le Procureur du Roy en ladite Sénéchaussée & Siége Présidial, aux dépens: Et sera le present Arrest lû, en ladite Sénéchaussée de Lyon, & en l'Auditoire du Juge dudit lieu de la Guillotiere, & Mandement de Bechevelin, l'Audiance tenant, & registré aux Greffes d'icelles Jurisdictions, & ensuite publié & affiché par tout où besoin sera, à ce que Personne n'en ignore. FAIT au Conseil d'Estat privé du Roy, tenu à Versailles le neuf Mars mil sept cens un. *Collationné*, Signé DEMONS, & scellé.

Dispositif

Le trentiéme jour de Mars mil sept cens un, Signifié & baillé copie, à M[es]. Payelle & Guizain, Avocats des Parties adverses, parlant à leurs Clercs, par Nous Huissier en la grande Chancellerie de France. Signé RAINCE.

LOUIS PAR LA GRACE DE DIEU Roy de France & de Navarre, Dauphin de Viennois, Comte de Valentinois, & Diois, à nôtre Sénéchal de Lyon, & Gens tenans le Siége Présidial en ladite Ville; Salut. Par l'Arrest dont l'Extrait est cy-attaché sous le contrescel de nôtre Chancellerie, ce jourd'huy rendu en nôtre Conseil d'Etat privé, entre nôtre Amé Antoine Rivail Maître Chirurgien au lieu de la Guillotiere, Demandeur d'une part; & aussi nôtre Amé Jean Petrequin Marchand demeurant en ladite Ville de Lyon, Deffendeur d'autre: & aussi nôtre Procureur general en nôtre Parlement, Aydes & Finances de Dauphiné, Intervenant; & encore nôtre Procureur en nôtre Sénéchaussée & Siége Présidial de Lyon, aussi Intervenant: Nous avons entre autres choses Ordonné que lesdits Rivail & Petrequin, procederont pardevant Vous, sur l'appel par eux respectivement interjetté de la Sentence renduë par le Juge de la Guillotiere, le dix-sept Aoust mil six cens quatre-vingt-dix-sept y mentionnée, circonstances & dépendances, suivant les derniers erremens, & vous avons maintenu & gardé dans la possession, & joüissance de connoître des appellations des Sentences renduës par ledit Juge de la Guillotiere & Mandement de Bechevelin, dans l'étenduë marquée par le Procez verbal & Jugement du Sr Tindo du vingt-trois Aoust, & autres jours suivans, de l'année mil quatre cens soixante dix-neuf, aussi mentionné dans ledit Arrest, sauf l'appel en nôtre Parlement de Paris, dans les cas qui y seront sujets;

le tout conformément, & ainsi qu'il est porté par ledit Arrest. A CES CAUSES, Vous Mandons leur faire bonne & briéve Justice, vous en attribuant & à nôtre-dit Parlement de Paris, chacun en droit soy, toute Cour, Jurisdiction, & connoissance; & voulons que ledit Arrest soit lû en ladite Sénéchaussée de Lyon, & en l'Auditoire du Juge dudit lieu de la Guillotiere, & Mandement de Bechevelin, l'Audiance tenant, & registré és Greffes desdites Jurisdictions, & ensuite publié, & affiché par tout où besoin sera, à ce que personne n'en ignore; & à cette fin voulons aussi qu'aux copies dudit Arrest & des Presentes, duëment collationnées par l'un de nos Amez & Feaux Conseillers-Secretaires, Maison Couronne de France & de nos Finances, foy soit ajoûtée comme aux Originaux. Commandons au premier nôtre Huissier ou Sergent, sur ce requis, signifier ledit Arrest aux y denommés, à ce qu'ils n'en ignorent, & ayent à y obeïr, & satisfaire, selon sa forme & teneur, & faire de par Nous les deffenses y contenuës; & pour son entiere execution à la requête de nôtre dit Procureur en ladite Sénéchaussée & Siége Présidial de Lyon, faire toutes autres significations, sommations, deffences, exploits, & actes de justice, sur ce requis & necessaires: de ce faire donnons pouvoir, sans demander autre permission ny Pareatis. CAR TEL EST NÔTRE PLAISIR. DONNE' à Versailles le 9. jour de Mars l'an de Grace 1701. & de nôtre Regne le cinquante-huitiéme. Signé Par le Roy Dauphin, en son Conseil, DEMONS, & scellé du grand sceau de cire rouge.

Publié & enregistré au Greffe de l'Audiance de la Sénéchaussée & Siége Présidial de Lyon, les plaids tenans le Mardi 14. Juin mil sept cens un; sur la requisition de Maître Gabriel de Glatigni, Avocat du Roy, pour le Procureur de Sa Majesté. Dont a été octroyé Acte. Signé, BERAUD, Greffier.

Le present Arrêt a été signifié, à la Requête du Sieur Procureur du Roy en la Sénêchaussée & Siége Présidial de Lyon, au Sieur Procureur general au Parlement de Grenoble, parlant à sa personne dans son Hôtel à Lyon, Ruë de S. Dominique, tant pour lui que pour les Sieurs Officiers dudit Parlement, & des autres Officiers de la Province de Dauphiné: duquel Arrêt & de la Commission lui a été donné copie. Fait le 29. jour de Juillet 1701. par Louis Constant, premier Huissier Audiancier, & Huissier Royal audit Lyon. Ainsi qu'il est énoncé plus amplement dans l'Original de l'Exploit, qui a été Controllé.

Les dépens adjugez par le même Arrêt au Sieur Procureur du Roy en la Sénechaussée & Siége Présidial de Lyon, ont été payez par le Sieur Procureur general au Parlement de Grenoble: suivant la quitance qui lui à été passée le 2. jour d'Aoust, 1701. pardevant Delhorme & Rousset, Notaires à Lyon; de la somme de huit cens trente quatre livres douze sols trois deniers, pour lesdits dépens, par François de Guillon, Ecuier, Seigneur de la Chaux, Conseiller du Roy, Magistrat en la Sénéchaussée & Siége Présidial de Lyon, Sindic de sa Compagnie; qui avoit été deputé à Paris au sujet de ce Procez, à la poursuite duquel il a donné des marques éclatantes de sa vigilance & de son habileté.

lettres de garde gardienne concernant la charite de lyon données a Namur au mois de juin lan de grace 1690 et du regne de louis 14 le 50 Nous avons commis et commettons notre senechal de lion ou son lieutenant general pour faire garder et observer nos lettres de garde gardienn

www.ingramcontent.com/pod-product-compliance
Ingram Content Group UK Ltd.
Pitfield, Milton Keynes, MK11 3LW, UK
UKHW021543260726
13993UKWH00002B/598